Kaj Beckman

DAS JAHRESZEITEN-KARUSSELL

Boje-Verlag Stuttgart

Aus dem Schwedischen übertragen von Birgitta Kicherer
Titel der Originalausgabe: Måns och Mari från vår till vinter
Erschienen bei Tidens Förlag, Stockholm
© Kaj Beckman 1970, 1971, 1973, 1974

81 82 83 84 85   5 4 3 2 1
Alle deutschsprachigen Rechte beim Boje-Verlag, Stuttgart
© 1981 für die deutsche Übersetzung Boje-Verlag, Stuttgart
Satz: G. Müller, Heilbronn
Printed in Denmark · ISBN 3 414 10630 2

Moni und Matthias
im Frühling

In einem blauen Haus am Rande der Stadt wohnt eine kleine Frau, die Meta heißt. Das Haus liegt in einem Garten, und in dem Garten spielen Moni und Matthias. Moni und Matthias wohnen bei Meta.

Es ist Frühling. Vom Dach tropft geschmolzener Schnee herab. Meta sitzt am offenen Küchenfenster und spielt Mundharmonika. Das tut sie immer, wenn sie traurig oder froh ist.

Moni und Matthias stapfen durch den Schnee. Sie hacken und graben in den Schneewehen, um dem Frühling zu helfen.

„Schau mal, Meta, was ich gefunden habe!" ruft Moni. „Meinen roten Handschuh!"

„Im Winter verschwunden, im Frühling gefunden!" Auch Meta freut sich, daß der Handschuh wieder da ist.

Nachdem es ein paar Tage getaut hat, ist der Garten voller Pfützen. Moni und Matthias hüpfen in den Pfützen herum, daß es nur so spritzt. Sie bauen Kanäle, durch die das Wasser fließen kann. Matthias' rotes Boot segelt von Pfütze zu Pfütze.

Aber eines Morgens ist alles Wasser zu Eis gefroren.

„Jetzt wird's lustig!" sagt Meta.

Und dann stampft sie auf das Eis und hüpft mit beiden Füßen darauf herum. Knirsch, knarsch, krach!

Moni und Matthias machen es ihr nach. Es ist ein Gefühl, wie wenn man auf Glas tritt. Die Splitter fliegen ihnen um die Füße und fallen klirrend auf den gefrorenen Boden.

Aber die Sonne scheint warm und läßt das Eis schmelzen. Bald sind die Pfützen wieder da.

Der Schnee ist geschmolzen. Draußen vor dem Zaun breitet sich das Gras vom Vorjahr wie ein zottiger Teppich aus.

Am Wegrand liegen rostige Bierdosen, Flaschenscherben, Papierfetzen und alte Plastiktüten herum.

Meta besorgt einen Sack. In diesen Sack werfen sie und Moni und Matthias allen Abfall, den sie finden.

„Warum müssen wir das denn machen, wir haben es doch nicht herumliegen lassen?" mault Matthias.

„Aber stell dir mal vor, wenn ein Hund hier herumliefe", sagt Meta. „Bestimmt würde er seine Pfoten an all den scheußlichen Glasscherben und Dosenrändern verletzen!"

„Oder eine kleine Katze!" fügt Moni hinzu.

„Oder vielleicht ein Igel", überlegt Matthias und steckt einen scharfen grünen Flaschenhals vorsichtig in den Sack.

Eines Morgens sieht Moni, wie etwas Gelbes aus dem Gras herausschaut. Ein Huflattich – und noch einer. Und noch ganz, ganz viele! Sie pflückt einen Strauß und schenkt ihn Meta.

„Guck mal, ich bringe dir lauter kleine Sonnen!" ruft sie.

„Vielen Dank, meine kleine Sonnenblume!" erwidert Meta.

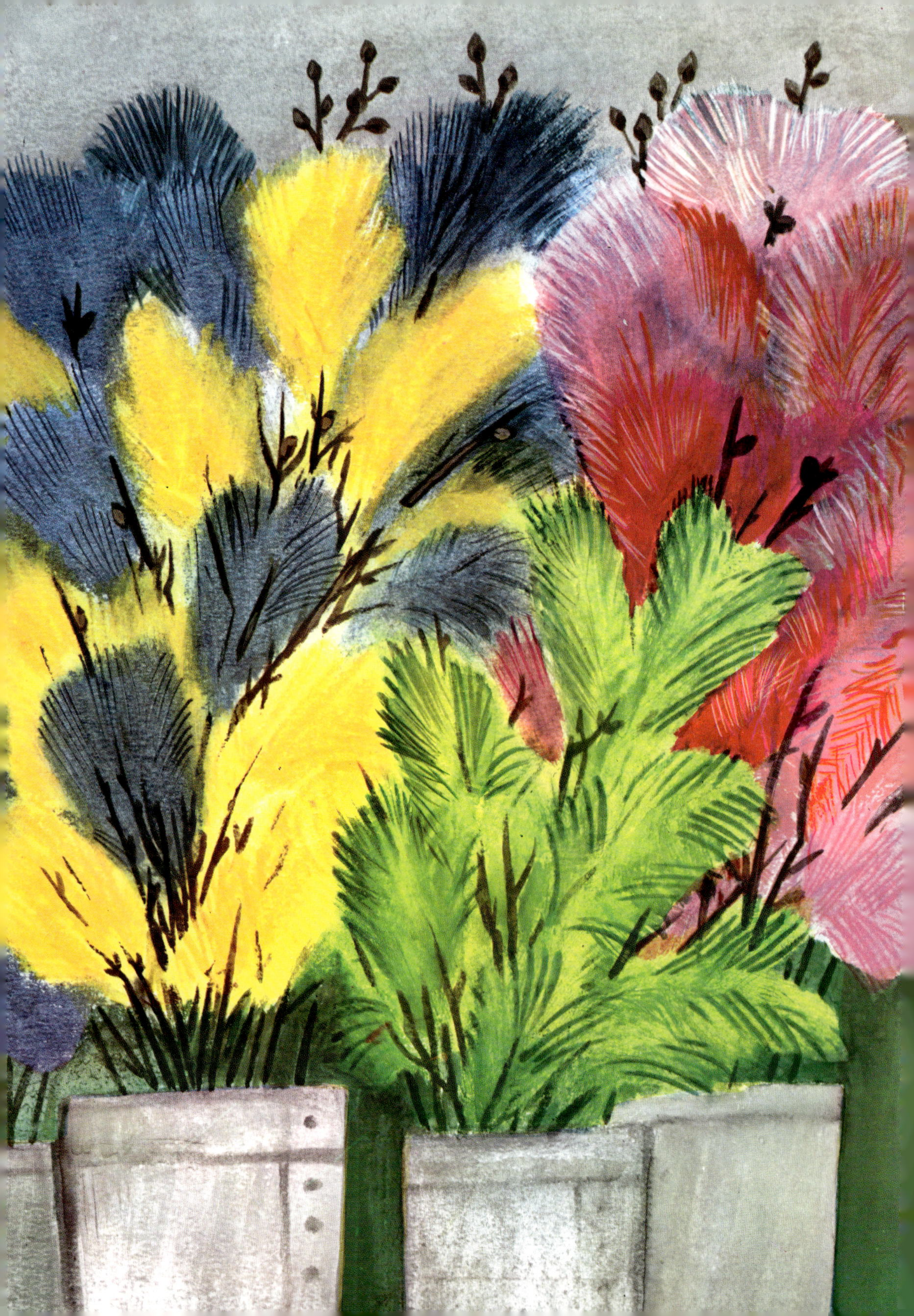

Es ist weder Winter noch Frühling. Es ist nur grau und matschig. Soll man hinausgehen oder im Haus bleiben? Soll man Stiefel oder Schuhe anziehen? Soll man froh oder traurig sein?

Wenn man froh werden will, braucht man bloß auf den Markt zu gehen und die Fastnachtsruten anzuschauen. Die bunten Federn auf den kahlen Zweigen leuchten so fröhlich, daß man ganz vergnügt wird, wenn man sie anschaut. Es ist nicht einfach, sich zu entscheiden. Schließlich kauft Matthias Ruten mit roten Federn. Moni kauft Ruten mit blauen Federn.

Meta stellt die Ruten in einem großen Einmachtopf mitten auf den Küchentisch.

„Komm schnell, Moni! Sieh doch! Draußen im Garten steht ein Löwe!" ruft Matthias.

Moni schläft noch halb. Sie taumelt aus dem Bett und tappt zum Fenster hinüber.

„April, April! Ich leg' rein, wen ich will!" lacht Matthias.

Heute ist nämlich der 1. April, der Tag, an dem man aufpassen muß, daß man von den anderen nicht hereingelegt wird.

„Wir vertauschen unsere Kleider und halten Meta zum Narren", schlägt Moni vor.

Flink schlüpft Matthias in Monis Kleider, dann zieht Moni Matthias' Kleider an. Sie schleichen hinaus und klopfen an die Küchentür.

„Dürfen Moni und Matthias herauskommen und mit uns spielen?" fragen sie, als Meta aufmacht.

„Die beiden Schlafmützen sind noch gar nicht wach", sagt Meta.

„Und ob wir wach sind!" ruft Moni.

„April, April!" schreit Matthias. „Hier sind wir doch!"

Da macht Meta ein ganz verdutztes Gesicht.

Am Gründonnerstagabend reiten, wie jedes Jahr, alle Hexen zum großen Hexentreffen.

Hui! Jetzt reiten auch Moni und Matthias mit flatternden Röcken und Kopftüchern auf zwei alten Besen vorbei. Sie schenken allen, die sie kennen, selbstgemalte Osterkarten. Ein paar Leute legen Bonbons in ihre Kaffeekannen, andere werfen Geldstücke hinein. Die Münzen rasseln und klappern, wenn die Hexen angehopst kommen.

Heute ist Ostersonntag, und draußen scheint die Sonne. Die Birkenzweige, die Meta vor einer Woche hereingeholt hat, haben kleine grüne Blätter bekommen. Draußen im Garten fangen die Blumenzwiebeln schon an zu sprießen.

„Wißt ihr noch, wie wir die trockenen Zwiebeln im Herbst in den Boden gelegt haben?" fragt Meta. „Und wißt ihr noch, wie die Bäume alle Blätter verloren hatten und nackt und kahl dastanden? Da waren wir ganz traurig, weil alle Blumen verwelkt und verschwunden waren. Und jetzt kehrt alles wieder! Das ist ein großes Wunder."

„Was ist das, ein Wunder?" fragt Moni.

„Das ist etwas, was wir nicht verstehen und erklären können", sagt Meta. „Wenn wir es sehen, können wir uns nur wundern."

„Wenn ich in der Sonne stehe und ein Mädchen bin, ist das dann ein Wunder?" fragt Moni.

„Ja, du hast ganz recht", sagt Meta, „das ist ein Wunder."

Am Abend vorher haben sie zu dritt Ostereier bemalt. Wenn man Ostereier ißt, muß man sich zu jedem Ei ein Verschen ausdenken.

„Au, sagte das Huhn und drehte sich um,
jetzt leg' ich ein Ei und weiß nicht, warum",
sagt Meta und klopft ihr drittes Ei auf.

„Mein Ei ist nicht hart,
da krieg' ich einen Bart",
reimt Matthias. Und einen Bart hat er auch schon, sein Kinn ist ganz gelb.

„Hier steht ein Ei!
Jetzt ist es entzwei!" sagt Moni.

Die Osterglocken, die in einer Vase auf dem Tisch stehen, leuchten und duften.

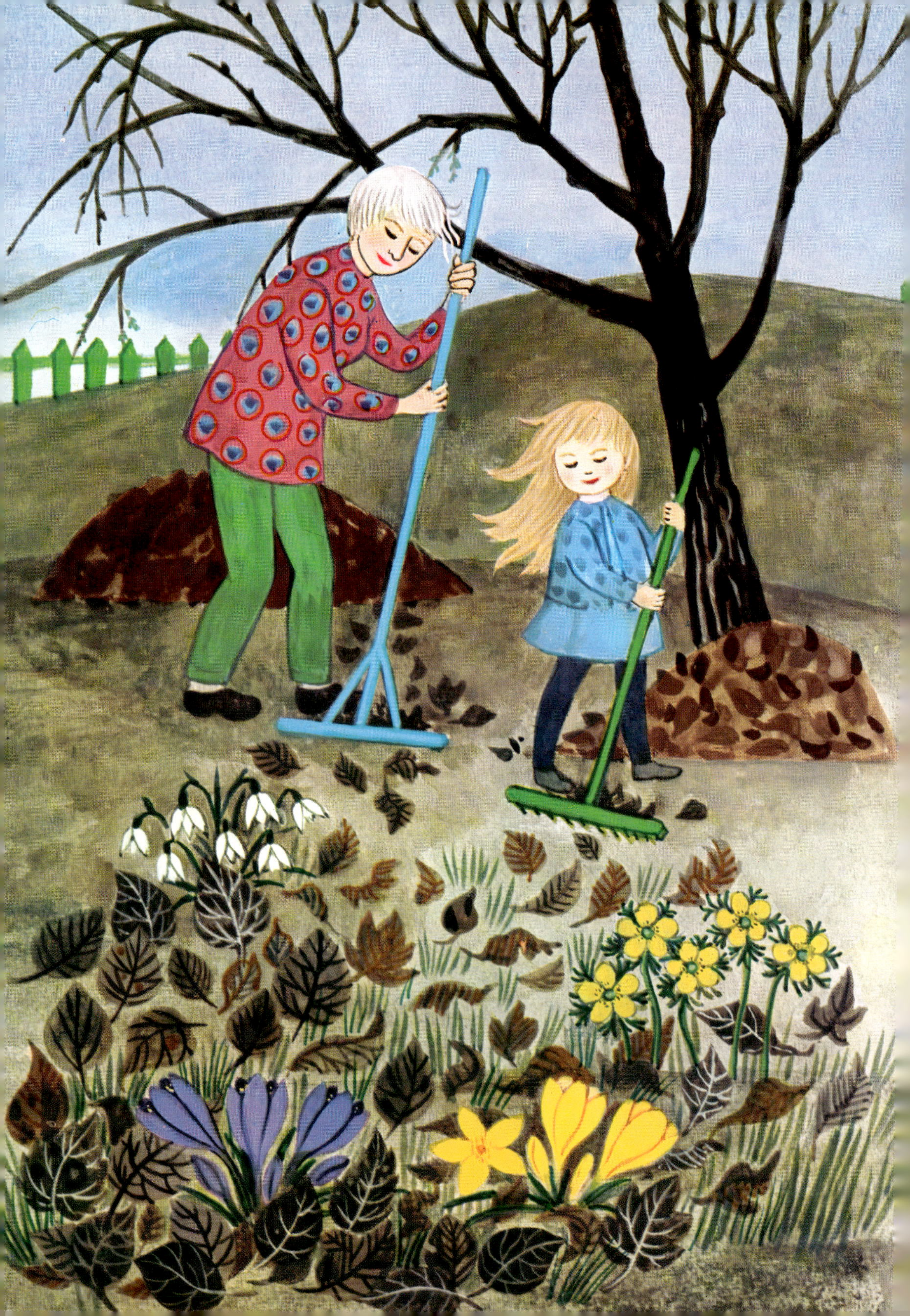

Die Tage sind jetzt viel länger.

Die Sonne steht morgens früher auf und geht abends später ins Bett – genau wie Moni und Matthias.

Nachdem der Schnee verschwunden ist, merkt man, wie häßlich es im Garten aussieht. Doch zwischen dem alten Laub vom Vorjahr strecken Schneeglöckchen, Winterlinge und gelbe und blaue Krokusse ihre Köpfchen heraus.

Meta und Moni rechen alle Ecken und Winkel sauber, und Matthias trägt das ganze Zeug in einem großen Korb zum Zaun hinüber, wo er alles auf einen Haufen leert.

Überall wimmelt es von kleinen Lebewesen, die emsig arbeiten. Zwei Ameisen zerren einen Halm in entgegengesetzte Richtungen. Ein Regenwurm windet und wühlt sich in die Erde hinein. Ein kleiner Käfer kriecht unter einen Stein. Eine große, pelzige Hummel kommt angebrummt. Sie fällt auf dem Rücken ins Gras, aber Matthias dreht sie mit einem Zweig wieder um.

„Oh, seht doch mal!" ruft Meta. „Dort oben am Himmel! Da kommen die Zugvögel! Wildgänse und Kraniche. Den ganzen Winter über sind sie im Süden gewesen, aber wenn es hier bei uns Frühling wird, bekommen sie Heimweh und fliegen den weiten Weg zurück, jeder dorthin, wo er hergekommen ist."

„Aber wie können sie den Weg finden?" fragt Matthias.

Darauf weiß Meta keine Antwort.

„Wenn man ganz schrecklich Heimweh hat, findet man natürlich den Weg", behauptet Moni.

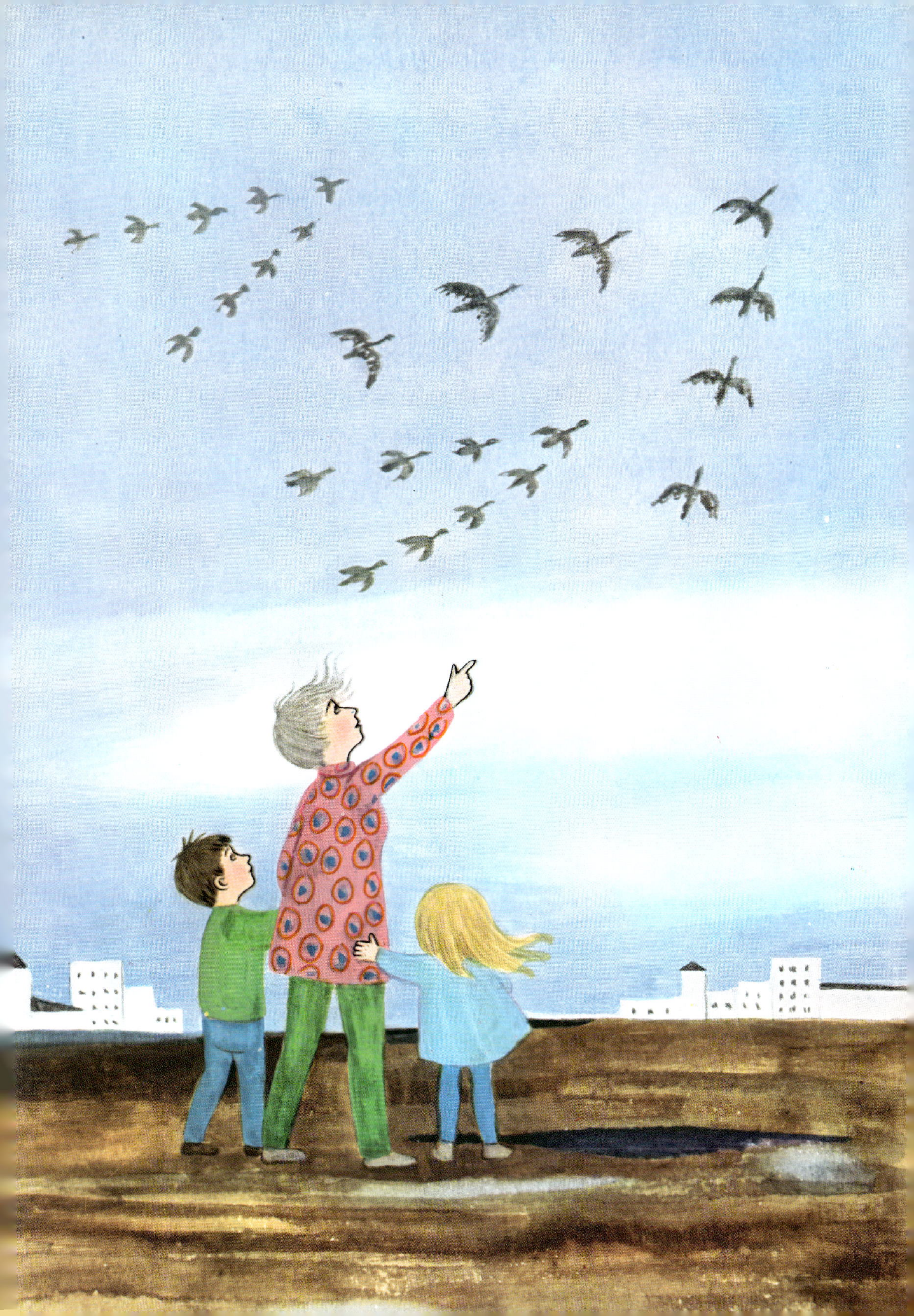

Von früh bis spät zwitschern und singen die Vögel im Birnbaum.

„Sing, sing, sing, sid-la, sid-la, sia, sia", singt der schwarzweiße Fliegenschnäpper.

„Zizi tü, zizi tü", singt die Kohlmeise.

„Zitt-sitt-sitt-sitt, tschitterridia tsche", singt der Buchfink.

„Zi zi zirr, zi zi zirr", singt die Blaumeise.

Hinter dem Fliederbusch haben Moni und Matthias eine Hütte aus dürren Zweigen gebaut. In der Hütte sitzen sie oft und unterhalten sich über alles mögliche.

Wie kommt es zum Beispiel, daß Matthias kein Hund ist, sondern Matthias? Oder daß Moni ausgerechnet Moni ist und kein kleines Mädchen in China? Und was wäre, wenn eine Fliege so groß wie ein Mensch wäre und ein Mensch so klein wie eine Fliege? Und warum ist das Gras grün und nicht rot? Und der Schnee weiß und nicht schwarz?

Alles ist so seltsam.

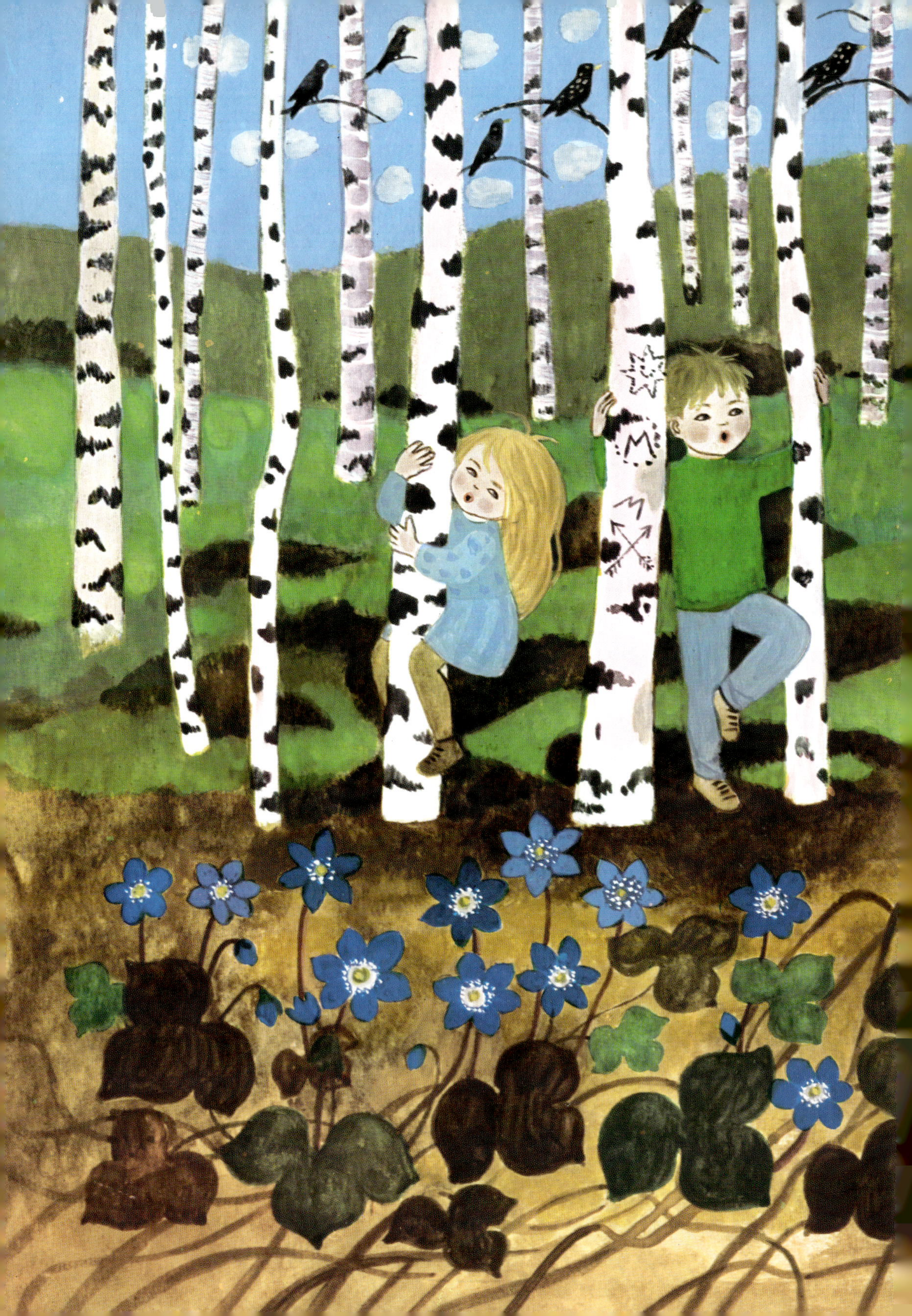

Im Birkenwäldchen ist der Boden ganz blau von Leberblümchen. „Die darf man nicht pflücken", sagt Meta. „Sie stehen unter Naturschutz, und das heißt, daß man sie stehenlassen soll. Sonst gibt es bald keine mehr."

Eines Tages kommen die Stare in großen Schwärmen angeflogen. Ihr Lied ist weich und zärtlich – es klingt, als wollten sie um etwas bitten.

Moni und Matthias versuchen, das Lied nachzupfeifen.

Heute ist Walpurgisabend. Alle schleppen zu dem großen Holzstoß draußen auf der Ebene Reisig hinaus.

In der Dämmerung wird ein Feuer angezündet, und die Leute begrüßen den Frühling mit Hurrarufen und singen Frühlingslieder.

Raketen knallen und zischen in den Abendhimmel hinauf. Dabei versprühen sie lauter bunte Sterne.

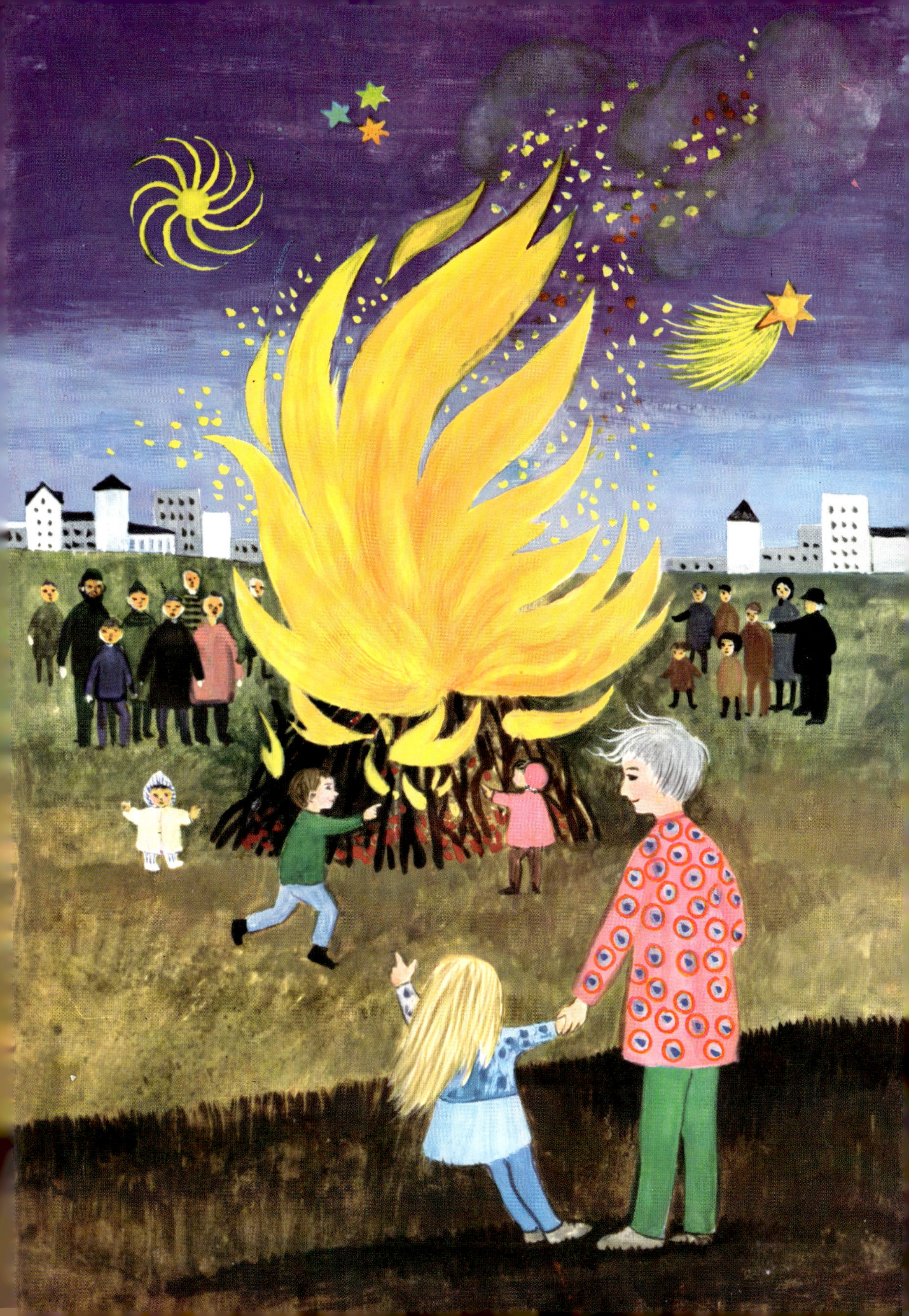

„Wohin gehst du, Meta?" fragt Moni am anderen Morgen.

„Ich will gegen Krieg und Hunger und alles, was hier auf der Welt nicht in Ordnung ist, demonstrieren", sagt Meta. „Heute ist der 1. Mai, da treffen sich die Menschen, um zu demonstrieren."

„Was ist das – demonstrieren?" erkundigt sich Moni neugierig.

„Wenn man zeigt, was man von den Dingen hält, die ringsum passieren", erklärt Meta.

„Dann komme ich mit", sagt Matthias.

Moni will auch mitkommen. Sie gehen zum Marktplatz. Dort treffen sich viele andere Leute.

> GEWALT LÖST KEINE PROBLEME!

> ALLE MENSCHEN SIND GESCHWISTER

> WOHNUNGEN FÜR ALLE

> DIE ERDE GEHÖRT UNS ALLEN

Ein paar haben Plakate dabei, auf denen steht, was sie in der Welt gern ändern möchten.
Der Zug setzt sich in Bewegung. Meta liest die Texte auf den Plakaten vor: DIE ERDE GEHÖRT UNS ALLEN steht auf einem Plakat. Auf einem anderen steht: ALLE MENSCHEN SIND GESCHWISTER. „Dann bin ich dein Bruder, Meta! Ist das nicht prima?" sagt Matthias.

Am 7. Mai hat Meta Geburtstag. Früh am Morgen liegt sie gespannt im Bett und wartet. Gestern abend hat sie ihren Geburtstagskaffee sicherheitshalber selbst gekocht und in die Thermoskanne getan. In der Küche rumort und klappert es gewaltig. Warum kommen die Kinder denn nicht?

Jetzt geht die Tür auf – aber was sind denn das für Gestalten? Ein kleines Männchen in Schlapphut mit viel zu großen Schuhen und ein seltsames, großes Paket, das bei jeder Bewegung raschelt und prasselt.

„Viel Glück und Segen auf all deinen Wegen", singen die beiden aus vollem Hals und stellen Meta das Frühstückstablett auf den Bauch. Und einen großen Tulpenstrauß aus dem Garten halten sie ihr unter die Nase.

„Holt schnell eure Becher, dann können wir zusammen Kaffee trinken", sagt Meta.

Heute will es gar nicht aufhören zu regnen, man kann kaum einen Fuß vor die Tür setzen! Aber Meta sagt, das sei gut für das Wachstum. Alle Samen, die in der Erde liegen und keimen, brauchen Regen. Alle Knospen, die ausschlagen wollen, brauchen Regen.

„Ein Glück, daß es regnet!" sagt Meta.

Moni und Matthias ziehen ihre Regenmäntel an und gehen hinaus, um sich alles anzuschauen, was da keimt und sprießt. Die nasse Erde riecht so gut. Und die Luft ist warm. Man kann fast zuschauen, wie die Knospen größer werden.

Hinter der Ebene liegt der Wald. Dort rauschen hohe Bäume. Die Vögel fliegen eilig von einem Zweig zum andern. Sie haben viel zu tun, weil sie ihre Jungen füttern müssen. Durch das grüne Gras fließt glucksend ein Bach, und überall blühen Veilchen, Schlüsselblumen, Wicken und weiße Anemonen.

Meta hat sich auf einen Baumstumpf gesetzt und packt den Picknickkorb aus. Aber Matthias kann nicht stillsitzen. Er nimmt sein Brot und klettert in einen hohen Baum hinauf. „Ich sehe unser Haus!" ruft er. „Und den Kirchturm!"

Moni läuft barfuß durchs Gras. Sie planscht mit den Füßen im Bach und holt mit den Zehen kleine Kiesel heraus.

Ein gelber Schmetterling flattert von Blüte zu Blüte. Dann fliegt er in den blauen Himmel hinauf.

„Ein Zitronenfalter!" sagt Meta. „Jetzt ist der Sommer da!"

Moni und Matthias
im Sommer

Weit draußen im Meer liegt eine Insel.
    Das ist Metas und Monis und Matthias' wundervolle Sommerinsel. Meta hat dort ein kleines Häuschen, und den ganzen dunklen Winter und das ganze Frühjahr lang haben die drei sich danach gesehnt.

Aber jetzt ist Sommer, und Meta, Moni und Matthias sind mit einem großen weißen Schiff über das Meer hinübergeschaukelt.

„Rein mit dem Sommer, und raus mit dem Winter!" sagt Meta, als sie in das Häuschen eintreten. „Und alle Fenster sperrangelweit auf!"

Sie tragen das ganze Bettzeug in die Sonne hinaus.
    Der Wind wirbelt Löwenzahnsamen und Apfelblüten durch die Luft. Unter dem Dachfirst haben die Schwalben ihre Nester gebaut. Sie sausen wie Pfeile über den Himmel und fangen kleine Insekten.

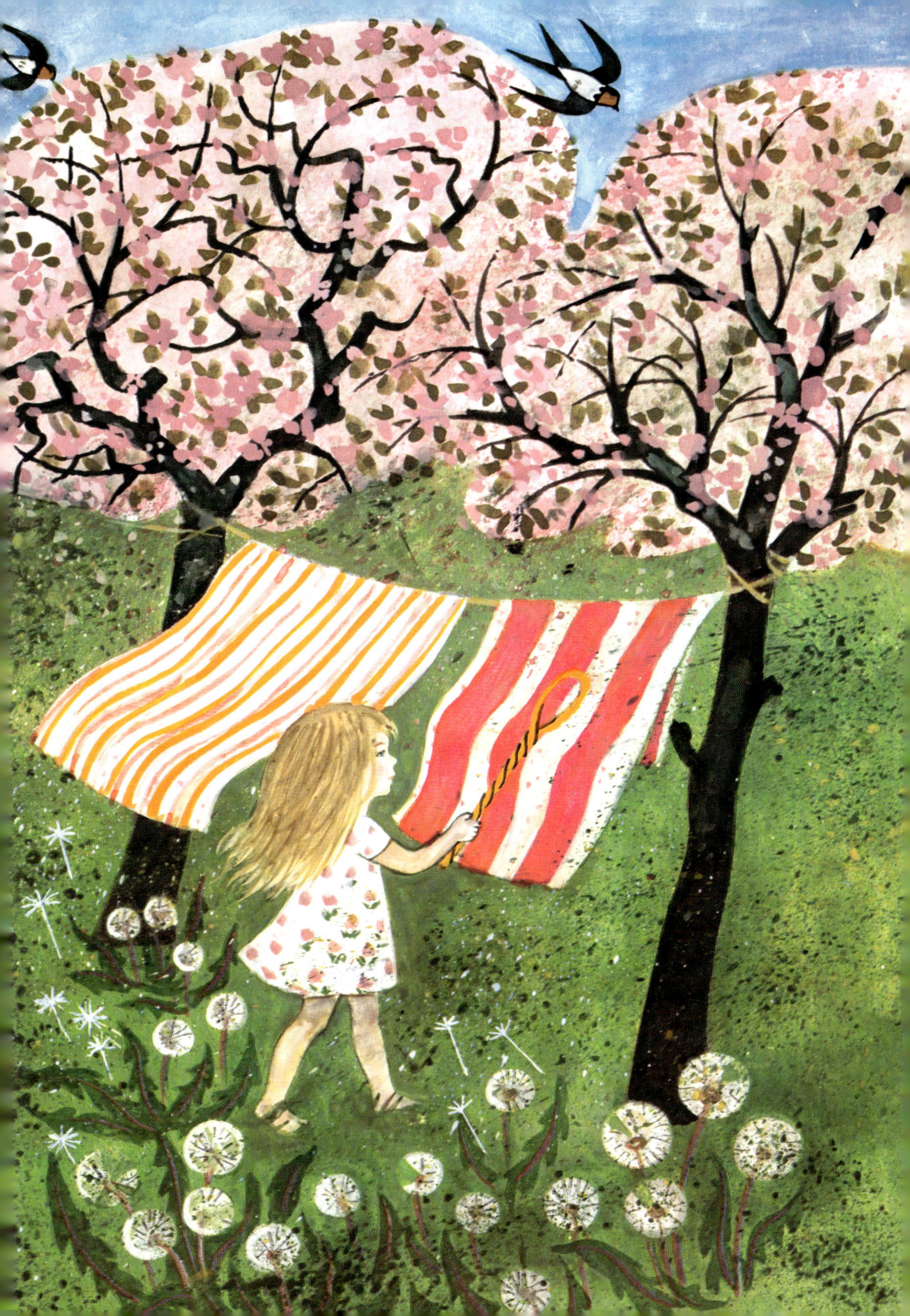

In der Nähe von Metas Häuschen wohnt Oskar. Er lebt das ganze Jahr auf der Insel.

Nicht weit von der Maiglöckchenwiese weiden die Kühe oft zusammen mit seinem alten Pferd Liesel.

Abends dürfen Moni und Matthias zu der Quelle reiten, wo Liesel Wasser trinkt.

Aus allen Richtungen ruft der Kuckuck. Aus dem Osten und aus dem Westen, aus dem Norden und aus dem Süden.

Oskar behauptet, wenn der Kuckuck aus dem Westen rufe, bedeute das Glück.

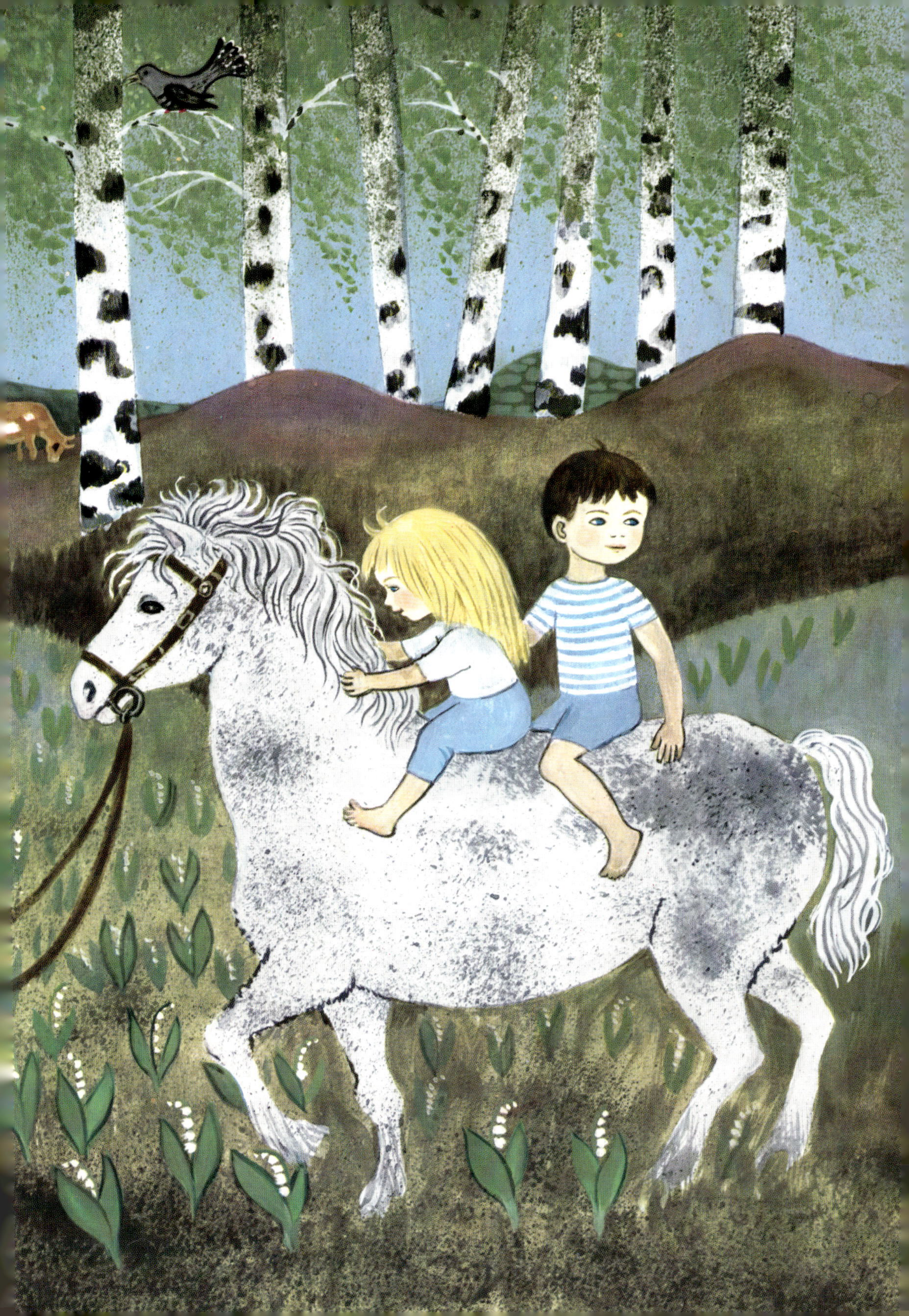

Oskar hat zwei Ferkel, die im Schweinestall herumgrunzen. Sie haben es gern, wenn Moni und Matthias sie am Rücken kratzen und die Fliegen vertreiben, die um sie herumsurren.

Der Hinterhof ist voll böser Brennesseln und stechender Disteln. Die Hühner mit ihren Küken scharren dort nach Würmern. Der Hahn marschiert hochmütig allein umher.

Heute ist Mittsommerfest, und die Wiese steht voller Blumen. Moni und Matthias haben große Sträuße für den Mittsommerbaum gepflückt. Viele Hummeln und Bienen summen auf Honigsuche durch die Luft, und zwischen Blumenstielen und Grashalmen krabbeln rote Marienkäfer herum.

Wiesenkerbel

Margerite

Hahnenfuß

roter Wiesenklee

Bach-Nelkenwurz

Vergißmeinnicht

Heckenrose

Biene

Storchschnabel

Hummel

Marienkäfer

Frauenmantel

Oskar braucht Heu für alle seine Tiere, und gleich nach Mittsommer mäht er die Wiese. Als das Heu trocken ist, holt er den Traktor und fährt es in die Scheune. Hoch oben auf der Fuhre schaukeln Moni und Matthias.

Schon werden die ersten Walderdbeeren und Heidelbeeren reif.

Walderdbeere

Heidelbeere

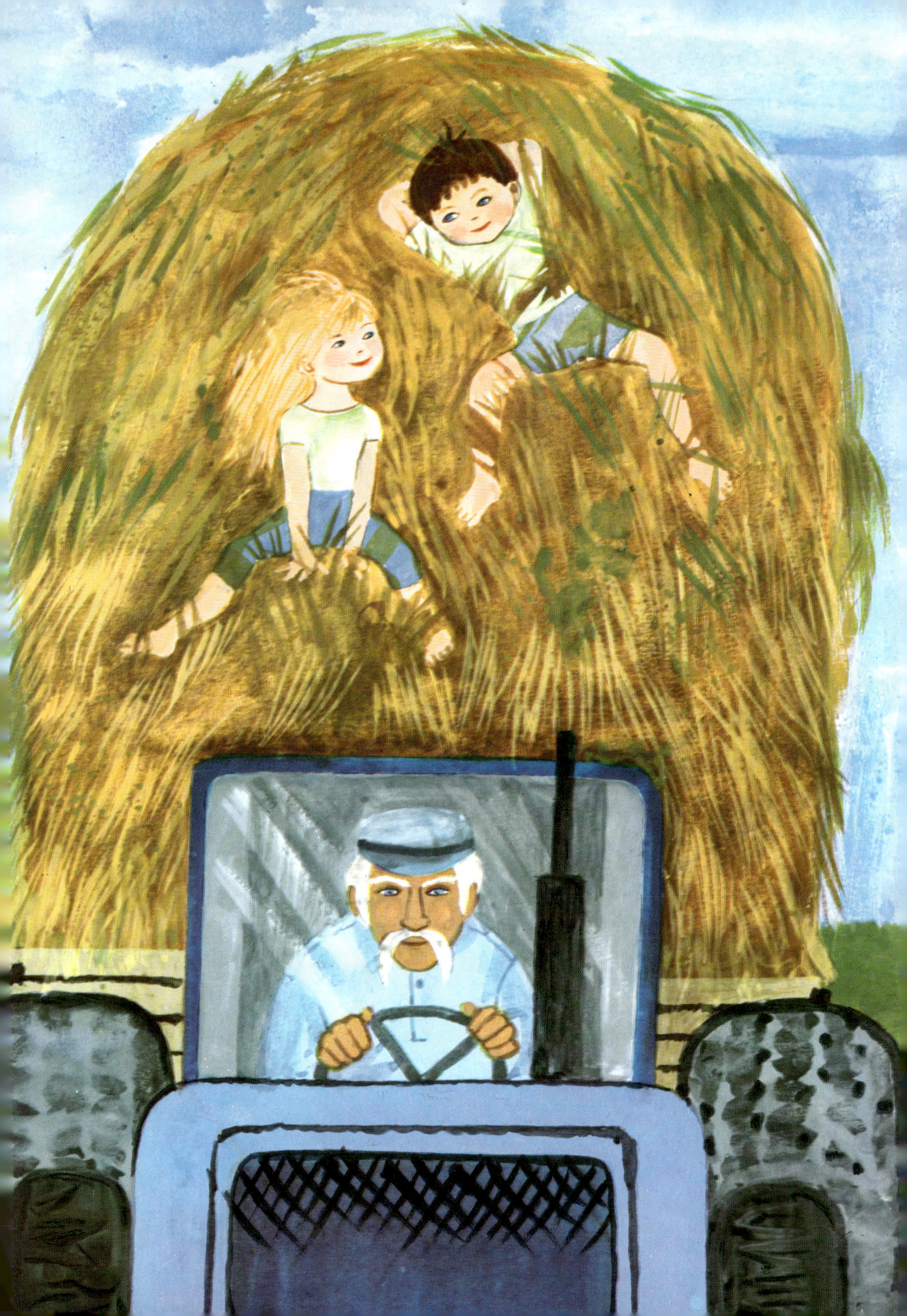

Menschen und Tiere haben die Pfade getrampelt, die sich durch den grünen Wald winden.

Eine Taube läßt ihr ängstliches Gurren hören, und der Schwarzspecht hackt an einem Stamm nach Larven. Es klingt wie ein Trommelwirbel.

Die Waldblumen sind zart und blaß und verstecken sich in dem weichen Moos.

Die Ameisen haben viel zu tun. Sie schleppen Tannennadeln und Halme durch die Gegend und beißen, wenn man sie nicht in Ruhe läßt.

Moosauge

Zweiblättrige Schattenblume

Sauerklee

Siebenstern

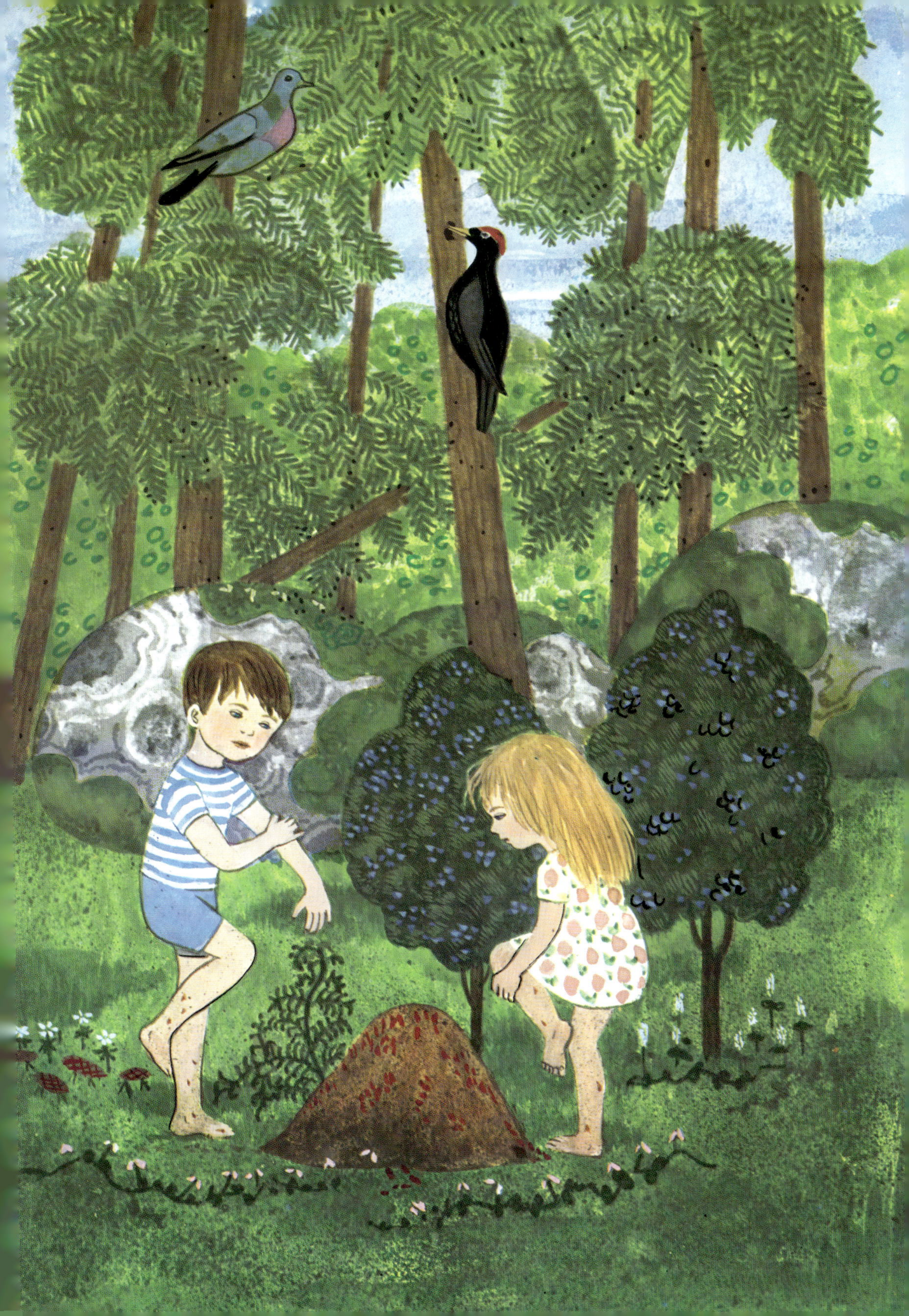

Tief im Wald hat Meta einen Platz entdeckt, den sie das „grüne Zimmer" nennt. Dort erzählt sie Moni und Matthias Waldmärchen.

Sie handeln von den plumpen, dicken Trollen, die bei Einbruch der Dunkelheit angetrottet kommen,

von der Waldfrau mit dem Fuchsschwanz,

vom Wassermann, der im Wasserfall sitzt und spielt, und von den Elfen, die auf den Wiesen tanzen,

von kleinen grauen Zwergen mit roten Zipfelmützen und von zwei Kindern, die sich verirren, aber immer wieder nach Hause finden.

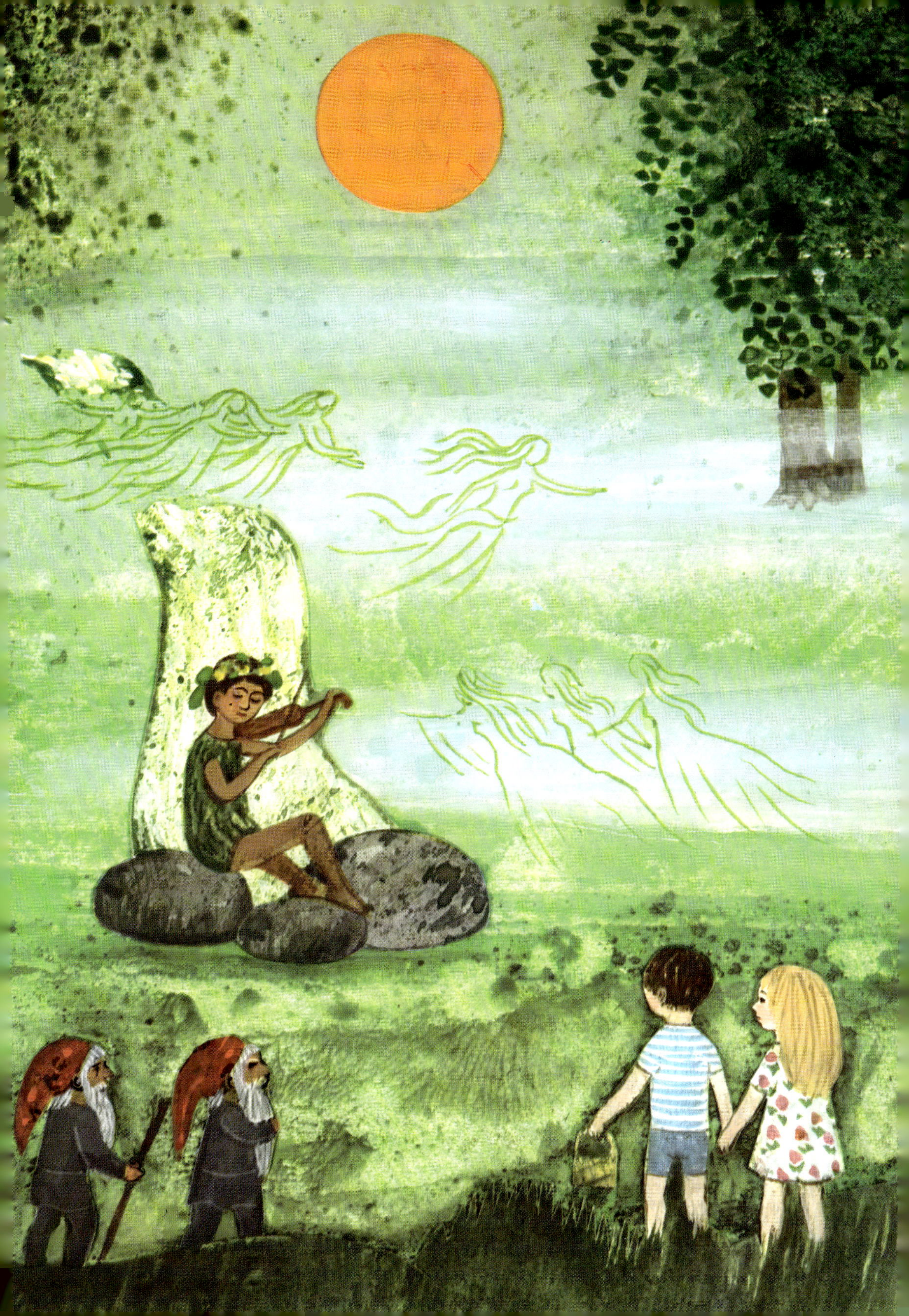

„So eine Hitze! Eine richtige Hitzewelle!" sagt Meta. „Kommt, wir gehen schwimmen!"

Das Meer glitzert, und die Möwen kreischen.

Matthias kann schon schwimmen, das hat er im letzten Sommer gelernt. Moni kann es auch bald. Sie zappelt und prustet und planscht, und Meta stützt ihr den Kopf unter dem Kinn. Es geht immer besser. Morgen oder nächste Woche kann sie es bestimmt ganz allein.

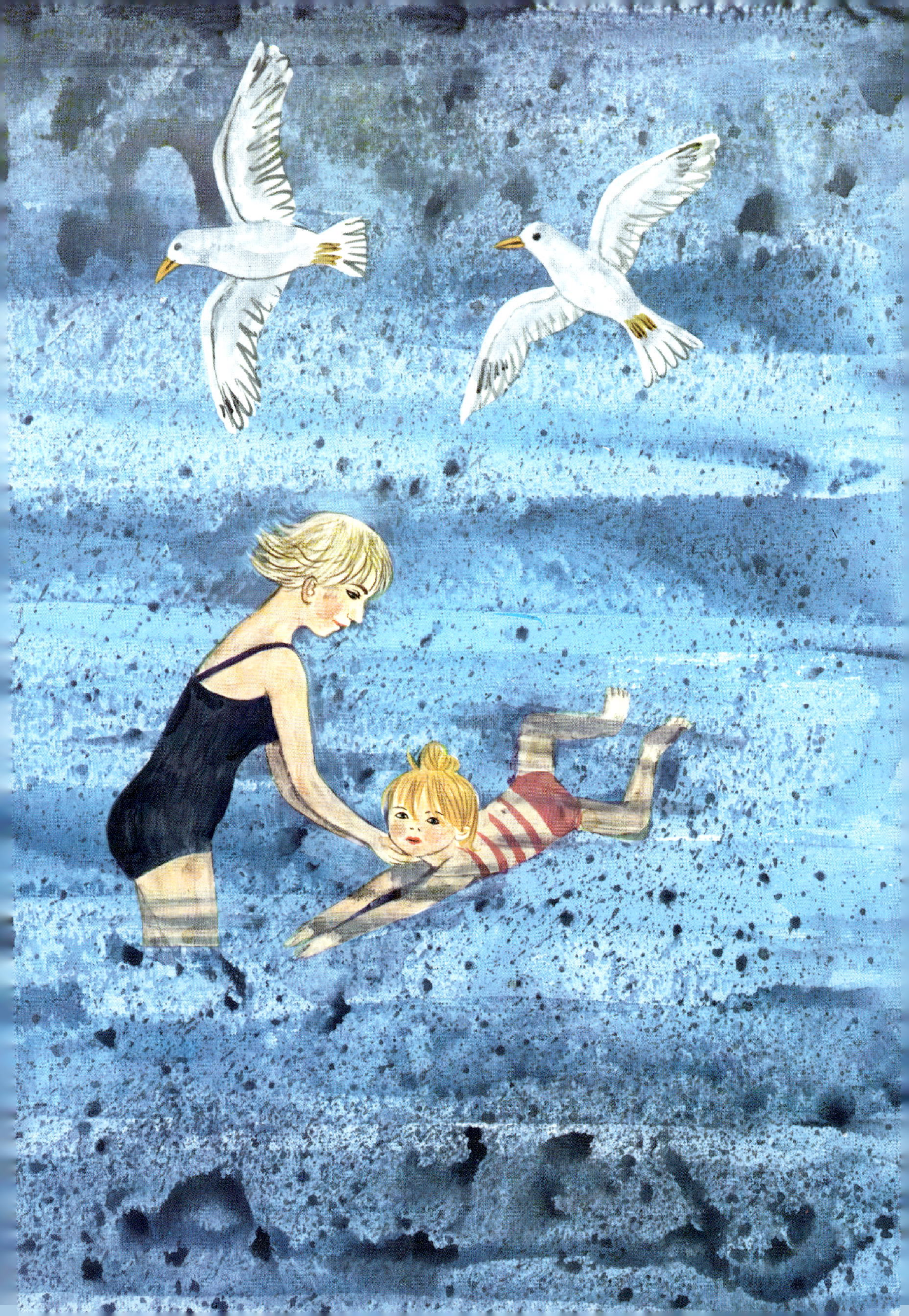

Wenn das Meer ruhig und glatt daliegt, weckt Meta Moni und Matthias schon sehr früh am Morgen. Dann rudern sie mit dem Boot hinaus und werfen Netze aus.

    Gegen Abend, bevor die Sonne im Meer untergeht, holen sie die Netze herauf. Manchmal sind sie dann voll mit glitzernden, zappelnden Fischen.

Hecht

Barsch

Flunder

Hering

Dorsch

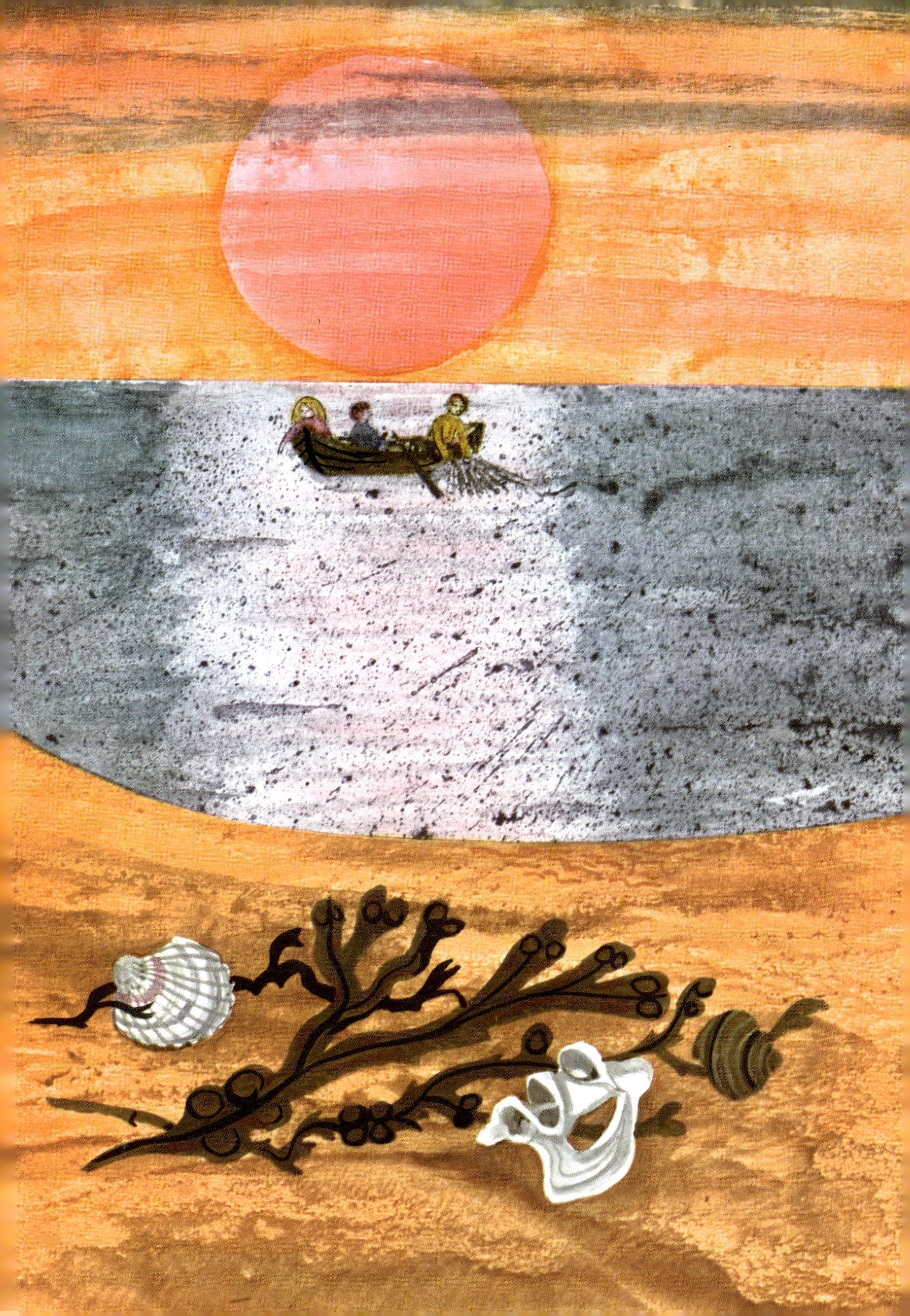

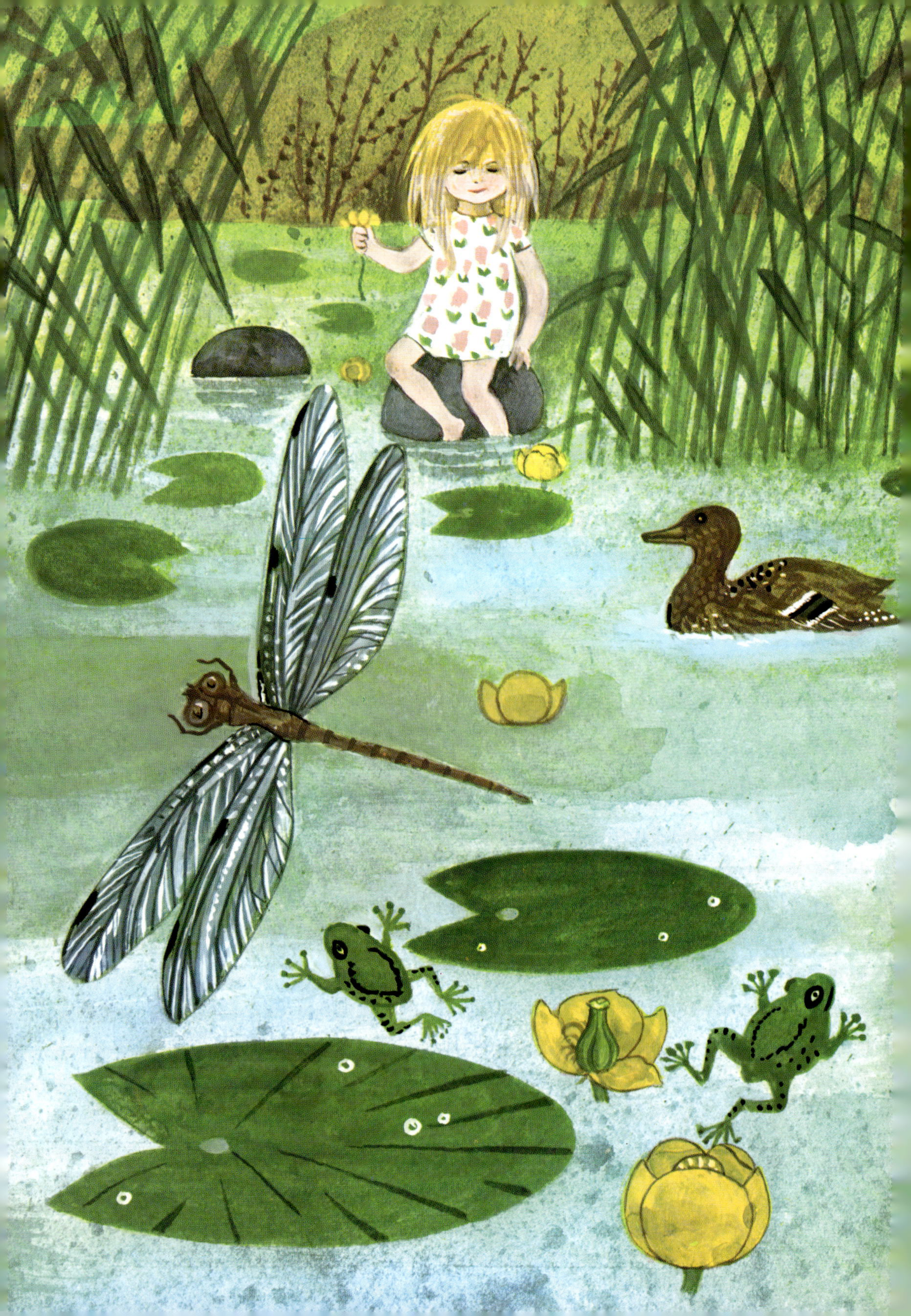

Hinter Metas Häuschen liegt ein flacher See. Dort ist es schön windstill, wenn es am Meer zu windig ist. Moni und Matthias waten in dem lauwarmen Wasser am Uferrand. Eine Entenmutter kommt angeschwommen; eine lange Reihe Entenküken rudert eifrig hinter ihr her. Die Frösche hüpfen und plumpsen zwischen den Seerosenblättern ins Wasser, und die Libellen surren wie kleine Flugzeuge vorbei.

Meta ist ganz verrückt nach Blumen. Sie hat einen großen Garten, der ständig gepflegt werden muß, damit die Blumen sich

Akelei
Geißblatt
Ringelblume
Türkenbund
Madonnenlilie
Iris
Stiefmütterchen
Tausendschön
Mauerpfeffer

wohl fühlen. Moni und Matthias helfen ihr beim Gießen, Unkrautjäten und Hochbinden der Pflanzen.

Eisenhut

Fingerhut

Tränendes Herz

Kapuzinerkresse

Eines Tages, als Moni und Matthias am Strand spielen, fängt weit draußen auf dem Meer der Donner zu grollen an. Die Sonne verschwindet hinter schweren Wolken, und es wird ganz dunkel und unheimlich.

Jetzt strömt der Regen herab, und ein Blitz nach dem anderen zuckt über den Horizont.

Aber da kommt ihnen Meta mit ihrem großen Regenschirm entgegen!

„Jetzt gehen wir rasch nach Hause und machen ein Feuer in den Kamin, damit eure Kleider trocknen", sagt sie. Moni und Matthias sind nämlich bis auf die Haut durchnäßt.

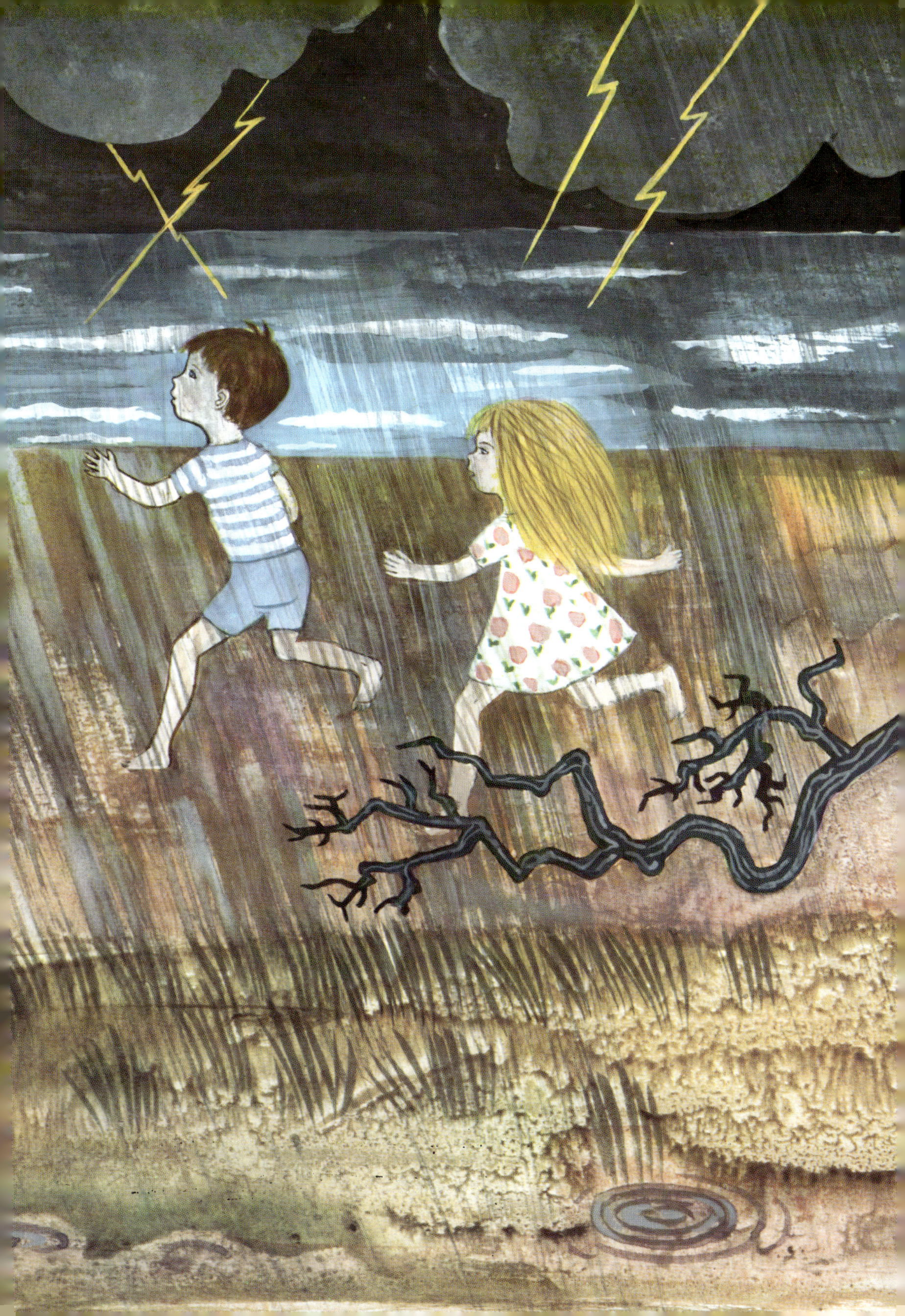

Trauermantel

Aurorafalter

Apollofalter

Bläuling

Labkraut

Glockenblume

Sonnenröschen

Kleiner Fuchs

Kohlweißling

Zitronenfalter

Pfauenauge

Als das Gewitter vorbei ist, wird die Luft ganz klar, aber es ist nicht mehr so warm. Man spürt, daß es jetzt schon Spätsommer ist. Labkraut, Glockenblume und Sonnenröschen wachsen am Wegrand, und die Luft ist voller flatternder Schmetterlinge.

Jetzt ist der Sommer bald zu Ende – da kann man gar nichts machen.

Meta ist weit hinausgeschwommen, und Moni und Matthias bauen Sandburgen am Strand.

Am Wasserrand trippeln die Bachstelzen entlang. Bald werden sie zu ihrem langen Flug in den Süden aufbrechen.

„Glaubst du, daß unsere Burgen noch hier sind, wenn wir im nächsten Sommer wiederkommen?" fragt Moni.

„Nein", antwortet Matthias. „Natürlich stehen die dann nicht mehr! Der Wind und die Wellen nehmen sie mit. Aber im nächsten Sommer bauen wir neue. Noch größere und noch schönere!"

Moni und Matthias im Herbst

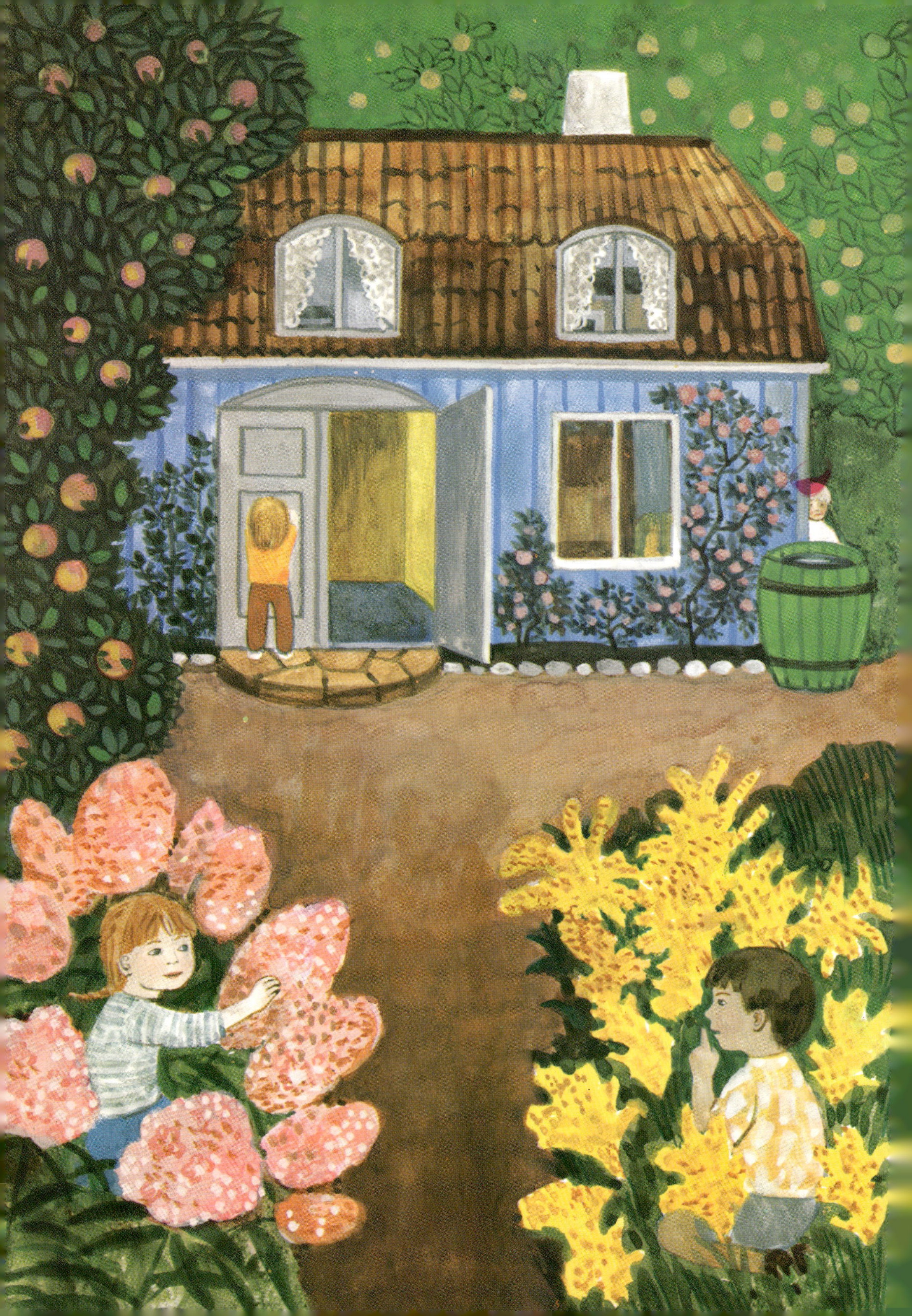

„– 97 – 98 – 99 – 100!" ruft Moni. Dann fängt sie an zu suchen. Der ganze Garten ist voll herrlicher Verstecke. Büsche und Bäume sind immer noch grün und dicht, aber die Luft wird allmählich kühl; der Herbst ist nicht mehr weit.

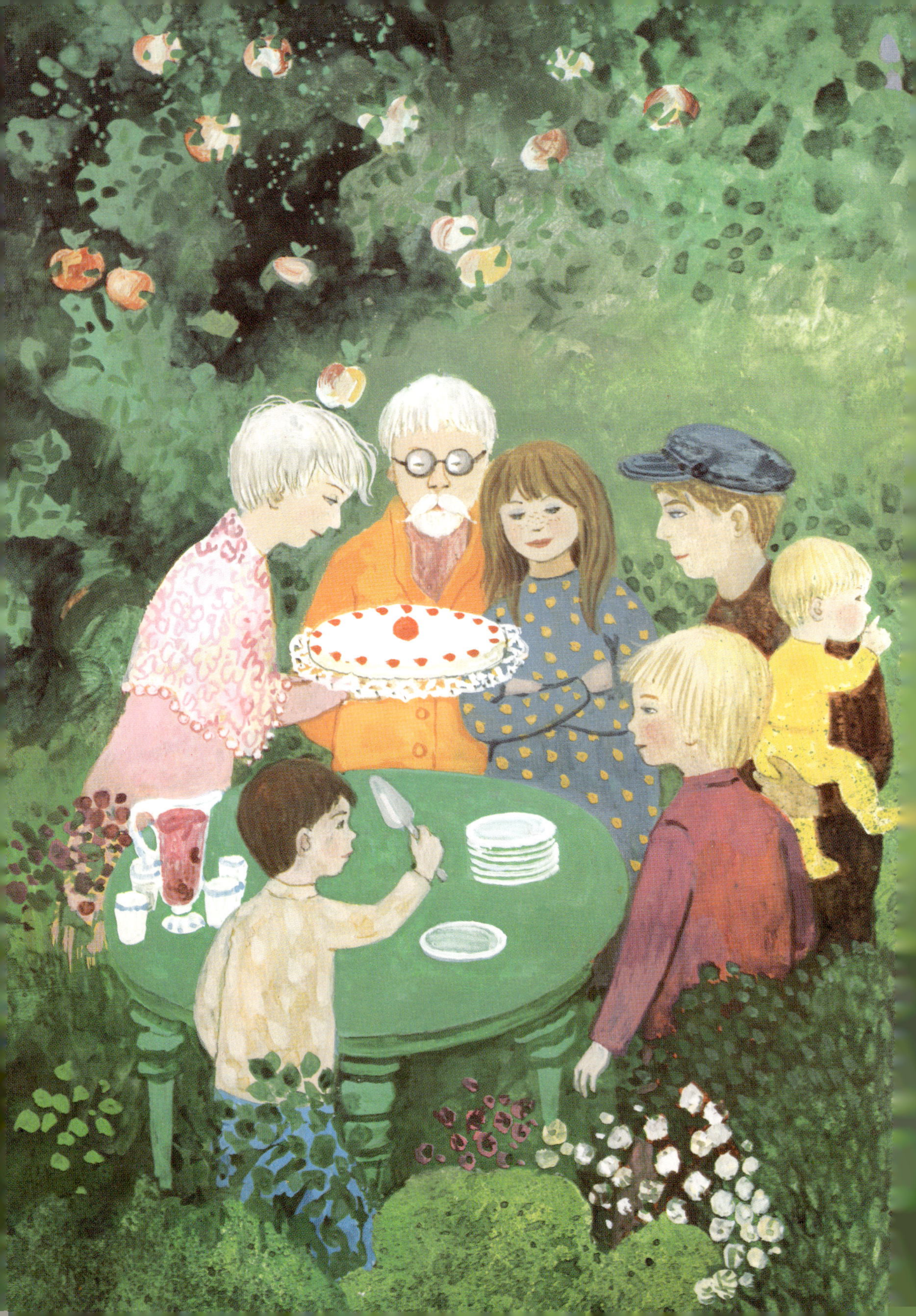

Am 2. September hat Matthias Geburtstag.

Meta hat eine große Geburtstagstorte mit Erdbeermarmelade und Schlagsahne gemacht, und Matthias darf alle, die er will, zu Torte und Saft in den Garten einladen.

Er lädt Onkel Karl ein, der im Haus gegenüber wohnt, und die Familie Larsson an der Ecke und natürlich alle Nachbarskinder. Von der Torte bleibt kein einziges Stück übrig.

Birne   Apfel   Pflaume

Rote Johannisbeere   Schwarze Johannisbeere   Himbeere   Stachelbeere

Die Büsche im Garten sind voller Beeren, und die Äste der Bäume hängen voller Obst. Moni, Matthias und alle Nachbarskinder wohnen fast nur noch im Birnbaum. Die kleinen gelben Birnen sind so süß und saftig, daß man einfach nicht aufhören kann zu essen. Alle essen und essen, bis sie Bauchweh bekommen.

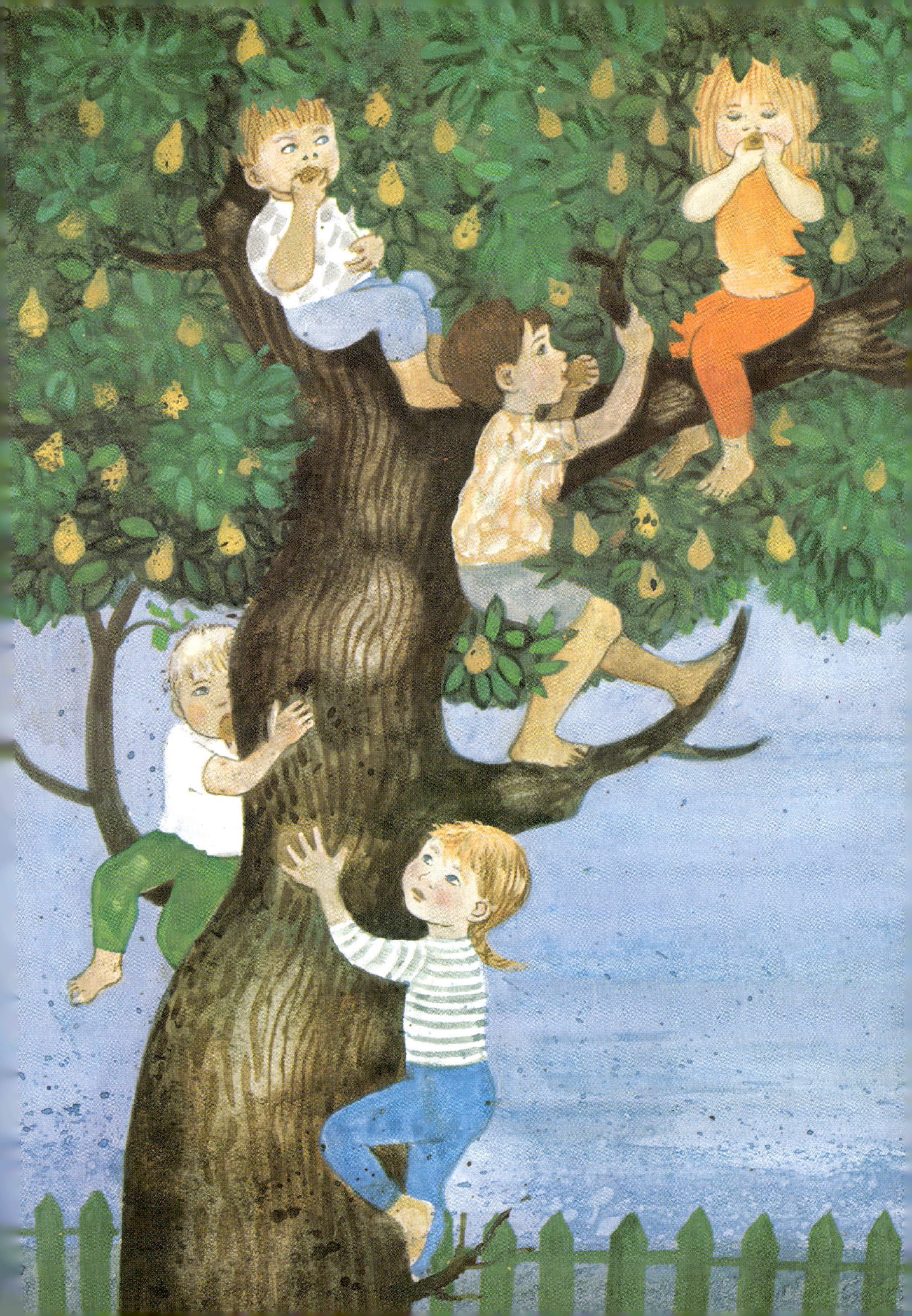

Matthias geht jetzt in die Schule und Moni in den Kindergarten. Meta muß ziemlich oft allein zu Hause bleiben.

„Der Kindergarten ist ja nur etwas für die Kleinen", findet Matthias. Er ist sehr stolz, weil er schon rechnen, schreiben und lesen lernt. Aber am meisten Spaß macht es ihm, sich mit den anderen Jungen zu balgen. Und den Fußball zu dribbeln. „Denn lesen kann ich ja schon", sagt Matthias.

Eines Tages ruft die Lehrerin Meta an, um sich über Matthias zu unterhalten.

„Er ist sehr lebhaft", erklärt die Lehrerin. „Ich glaube, er hört mir nicht zu, wenn ich etwas sage. Daher könnte ich etwas Hilfe von daheim brauchen." Danach spricht Meta lange mit Matthias. Von nun an versucht Matthias zuzuhören, wenn die Lehrerin spricht. Aber manchmal fällt es ihm doch schwer.

Meta, Moni und Matthias haben im Wald Pilze gesucht. Als die Taschen voll sind, setzen sie sich, sortieren und putzen, was sie gefunden haben. Meta weiß viel über Pilze; sie erklärt, welche man essen kann und welche giftig sind. Moni muß fünf Pilze wegwerfen, Matthias acht.

☆ Speisetäubling

☆ Edelreizker

☆ Butterpilz

☆ schwefelgelber Ziegenbart

+ Fliegenpilz

☆ Schafeuter

Dieses Jahr ist ein richtiges Preiselbeerjahr. Preiselbeerkompott schmeckt lecker zu Pfannkuchen.

Meta macht Preiselbeeren ein und füllt viele Töpfe damit.

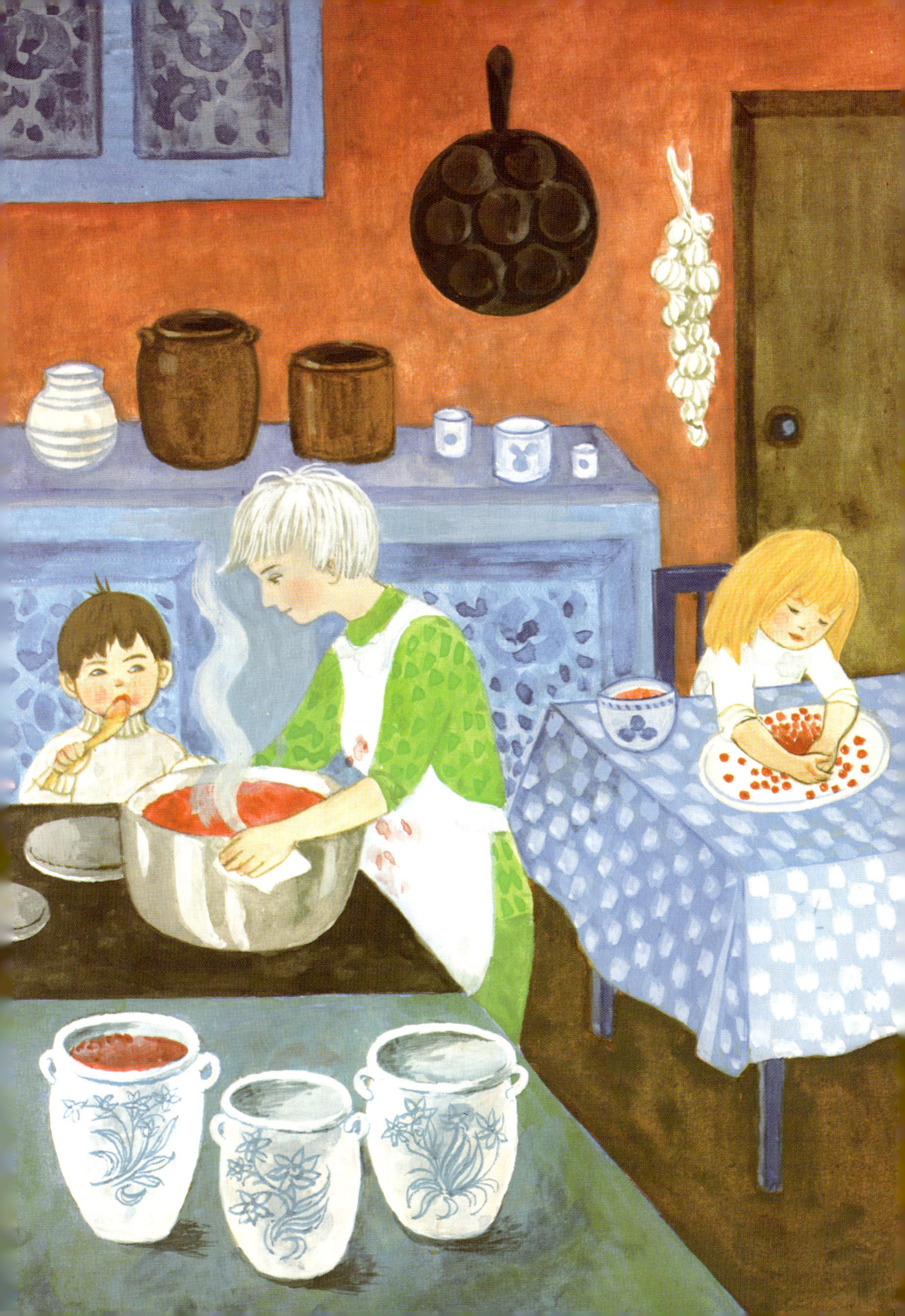

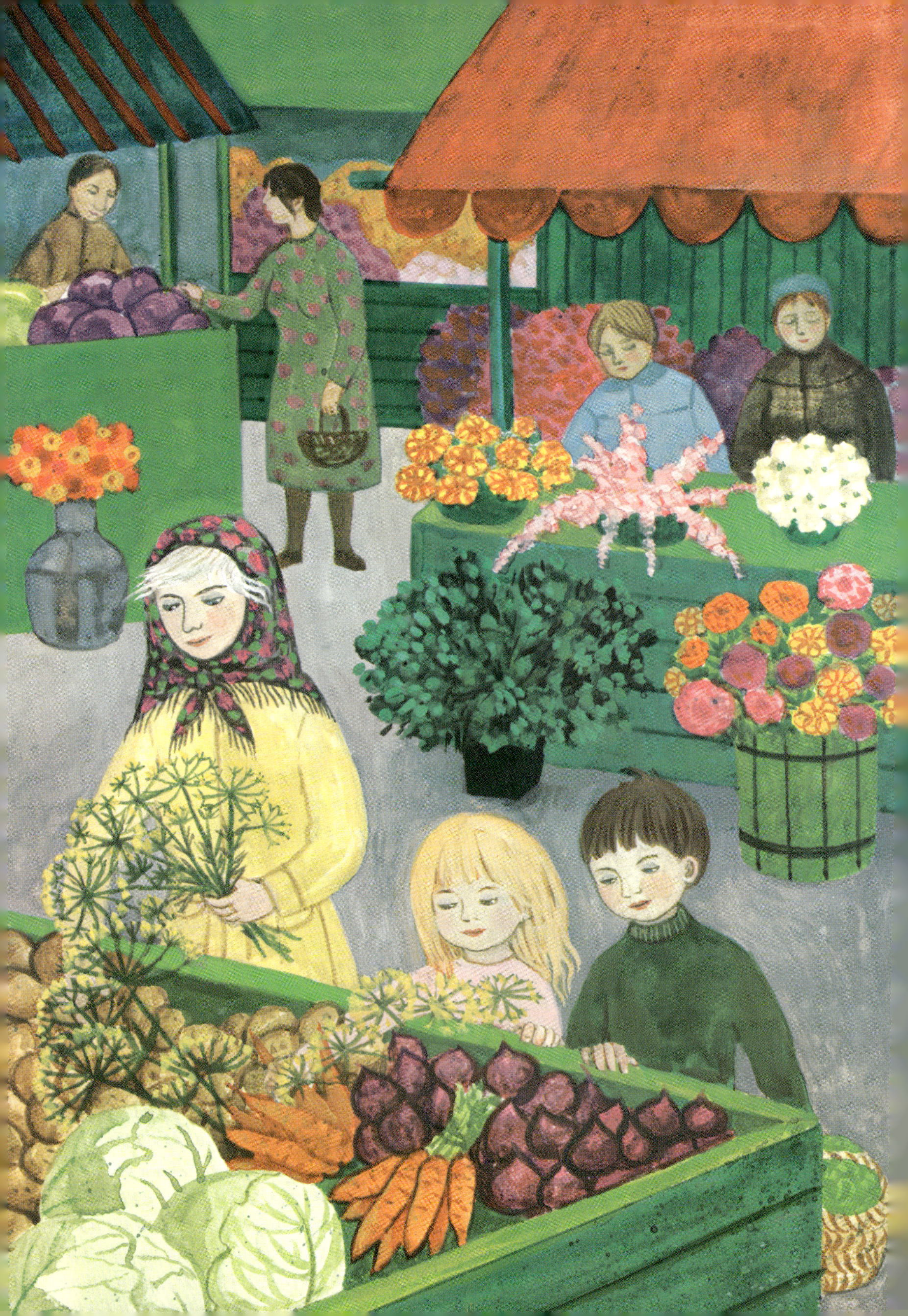

Mohrrüben Radieschen Blumenkohl

Lauch

Erbsen rote Zwiebeln weiße Zwiebeln

Am Samstag kommen Gärtner und Bauern auf den Markt und bauen ihre Stände auf. Sie verkaufen Kartoffeln, Kohl und viele andere Gemüsesorten. Blumen und Obst verkaufen sie auch. Der Marktplatz gleicht einem einzigen Blumenmeer.

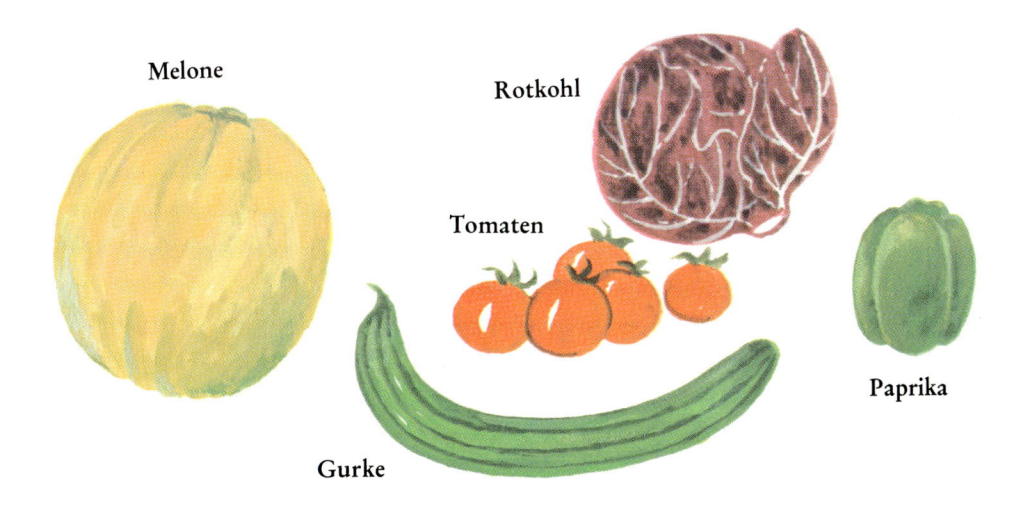

Melone

Rotkohl

Tomaten

Paprika

Gurke

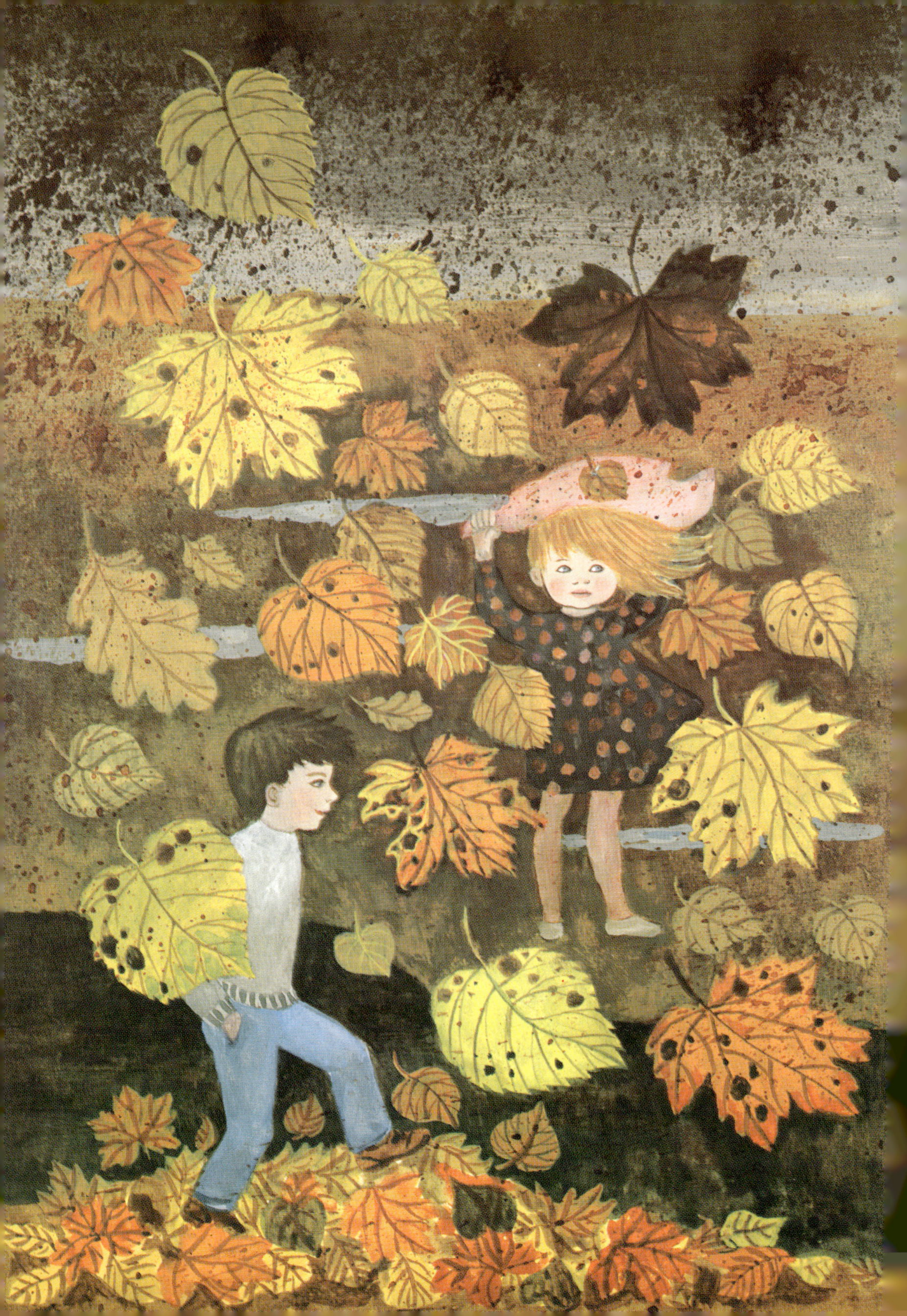

Linde

Ahorn

Birke

Espe

Eberesche

Eiche

Jetzt zerrt der Herbstwind alle Blätter von den Bäumen. Die Luft ist voll wirbelnder Blätter, die im Wind hochfliegen und wieder fallen. Sie rascheln und prasseln, wenn man durch sie hindurchgeht.

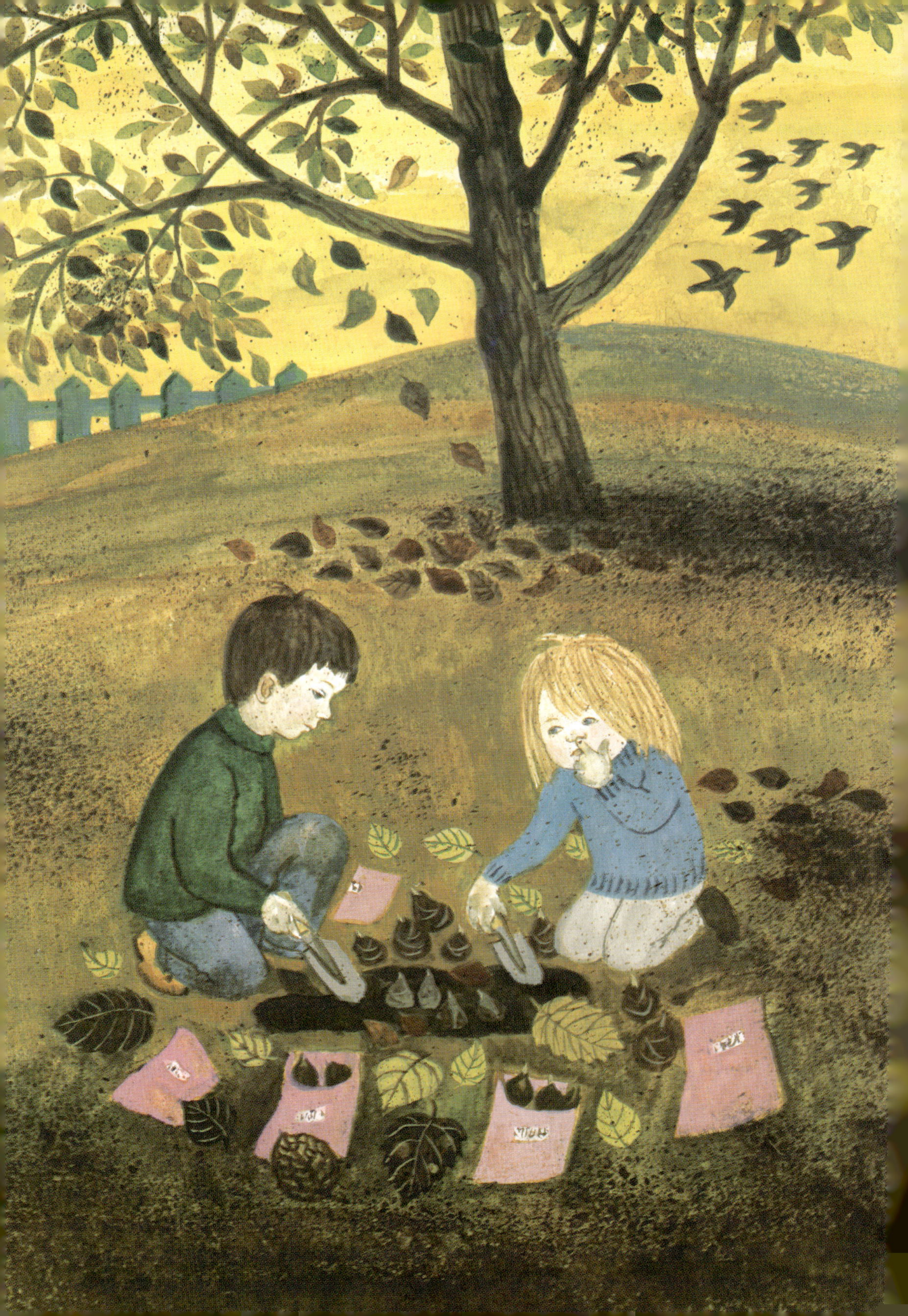

„Jetzt ist es an der Zeit, Blumenzwiebeln zu stecken", sagt Meta eines Tages. „Das müssen wir tun, bevor der Boden friert."

Moni und Matthias graben eine Menge Zwiebeln im Garten ein. Trockene braune Knollen, aus denen im Frühjahr gelbe Osterglocken, weiße Narzissen und Tulpen in vielen Farben sprießen werden. Meta legt auch Hyazinthenzwiebeln in Gläser und Tulpenzwiebeln in Töpfe, um sie im Zimmer bis Weihnachten zum Blühen zu bringen.

An klaren Abenden nimmt Meta Moni und Matthias mit hinaus auf die Ebene, um den Sternenhimmel zu sehen. Unzählige Lichtpunkte glitzern und funkeln hoch über ihren Köpfen.

„Unsere Erde ist auch nur ein Stern im Weltraum", sagt

Meta. „Wir Menschen sind nicht viel mehr als Sandkörner. Und dennoch kann jeder von uns denken, dichten und träumen. Obwohl wir so klein sind, haben wir tausend Möglichkeiten." Moni und Matthias halten Meta fest an der Hand.

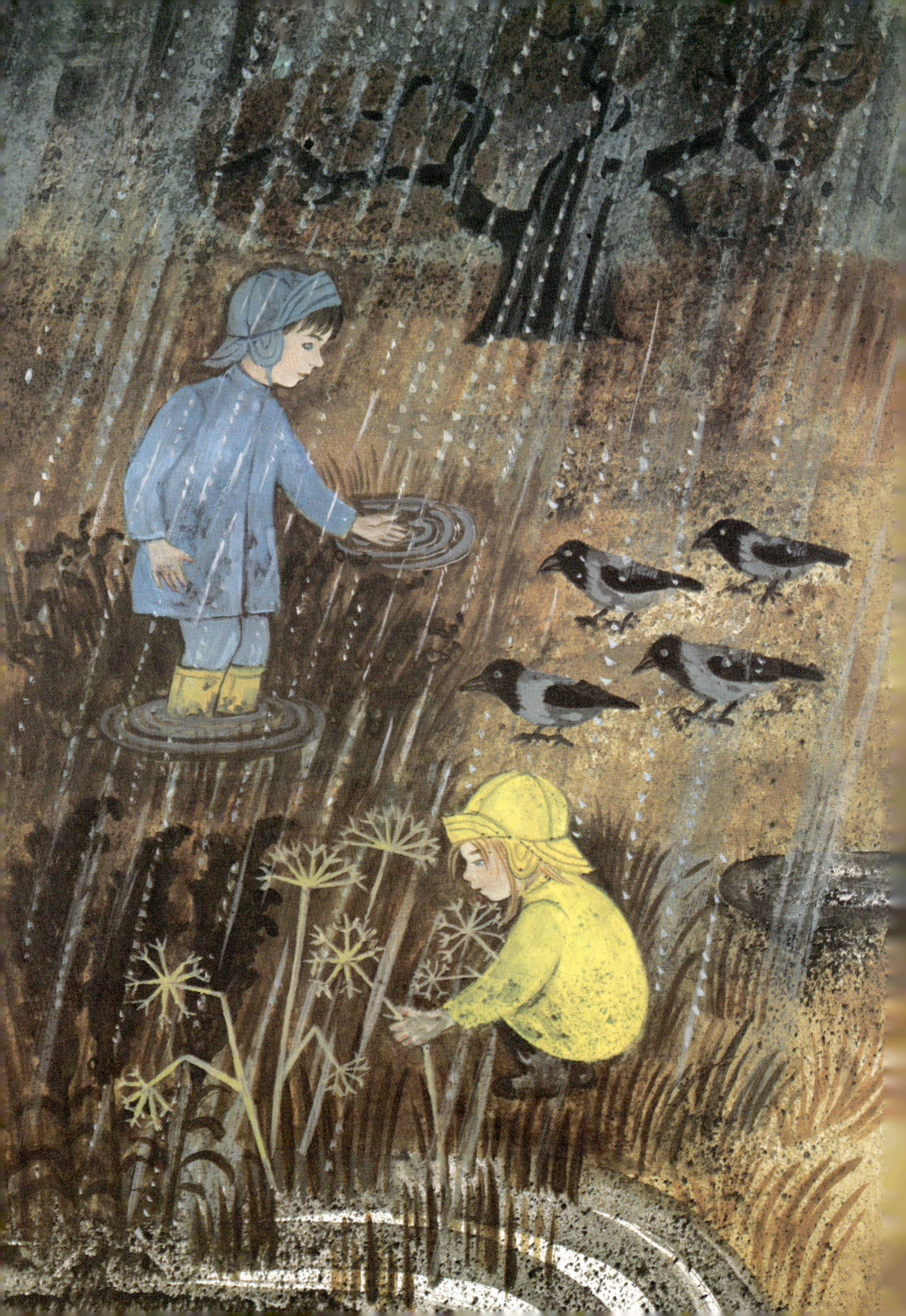

Es regnet und regnet, Tag für Tag.

Moni und Matthias haben es satt, im Zimmer zu sitzen und den Regen gegen die Fensterscheiben peitschen zu sehen. Sie ziehen ihre Regensachen an und gehen in das Geplätscher und zu den Pfützen hinaus.

Aber am nächsten Tag haben beide Schnupfen und müssen von der Schule und vom Kindergarten zu Hause bleiben.

Meta kocht Honigwasser und wickelt ihnen dicke Schals um den Hals. Und wenn sie niesen, ruft sie jedesmal: GESUNDHEIT!

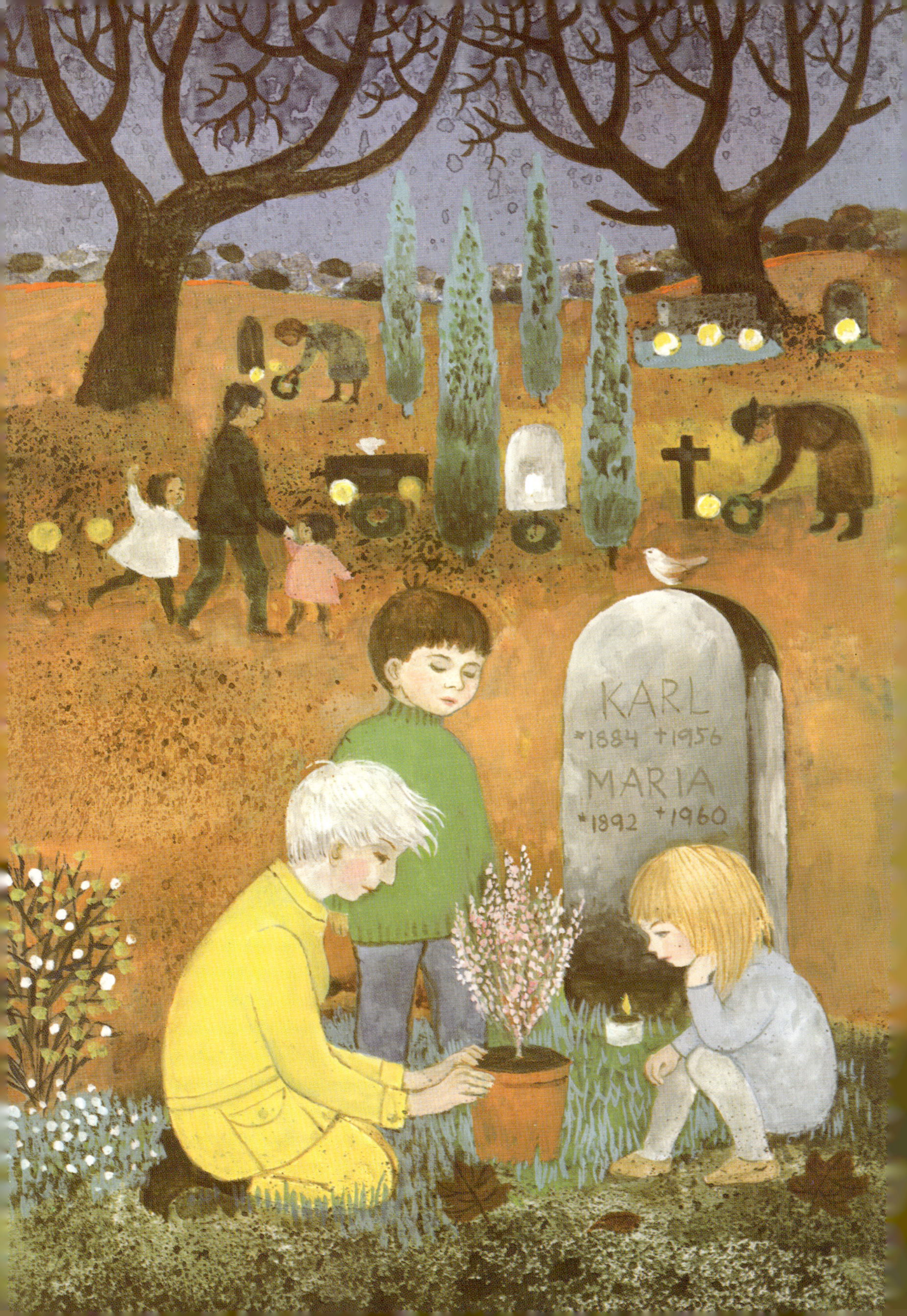
KARL
*1884 +1956
MARIA
*1892 +1960

An Allerheiligen gehen sie zu dritt auf den Friedhof. Dort sind Metas Eltern beerdigt. Sie starben, bevor Moni und Matthias auf der Welt waren.

„Ich möchte nie sterben und unter einem Stein liegen", sagt Moni.

„Das mußt du aber", behauptet Matthias. „Das muß sie doch, nicht wahr, Meta?"

„Ja", erklärt Meta. „Alle Menschen müssen sterben. Und alle Bäume und Blumen und Tiere auch. Alles Lebendige muß irgendwann einmal sterben. Wann, das wissen wir nicht. Einige dürfen lange leben, und andere bleiben nur kurz auf der Erde. Was danach kommt, das wissen wir nicht. Das ist das große Geheimnis, an dem wir alle herumrätseln. Aber niemand ist allein, da alle den Tod gemeinsam haben. Ich glaube nicht, daß wir uns fürchten müssen."

Die vielen flackernden Kerzenflammen auf dem Friedhof sehen in der Dämmerung schön aus.

Christrose

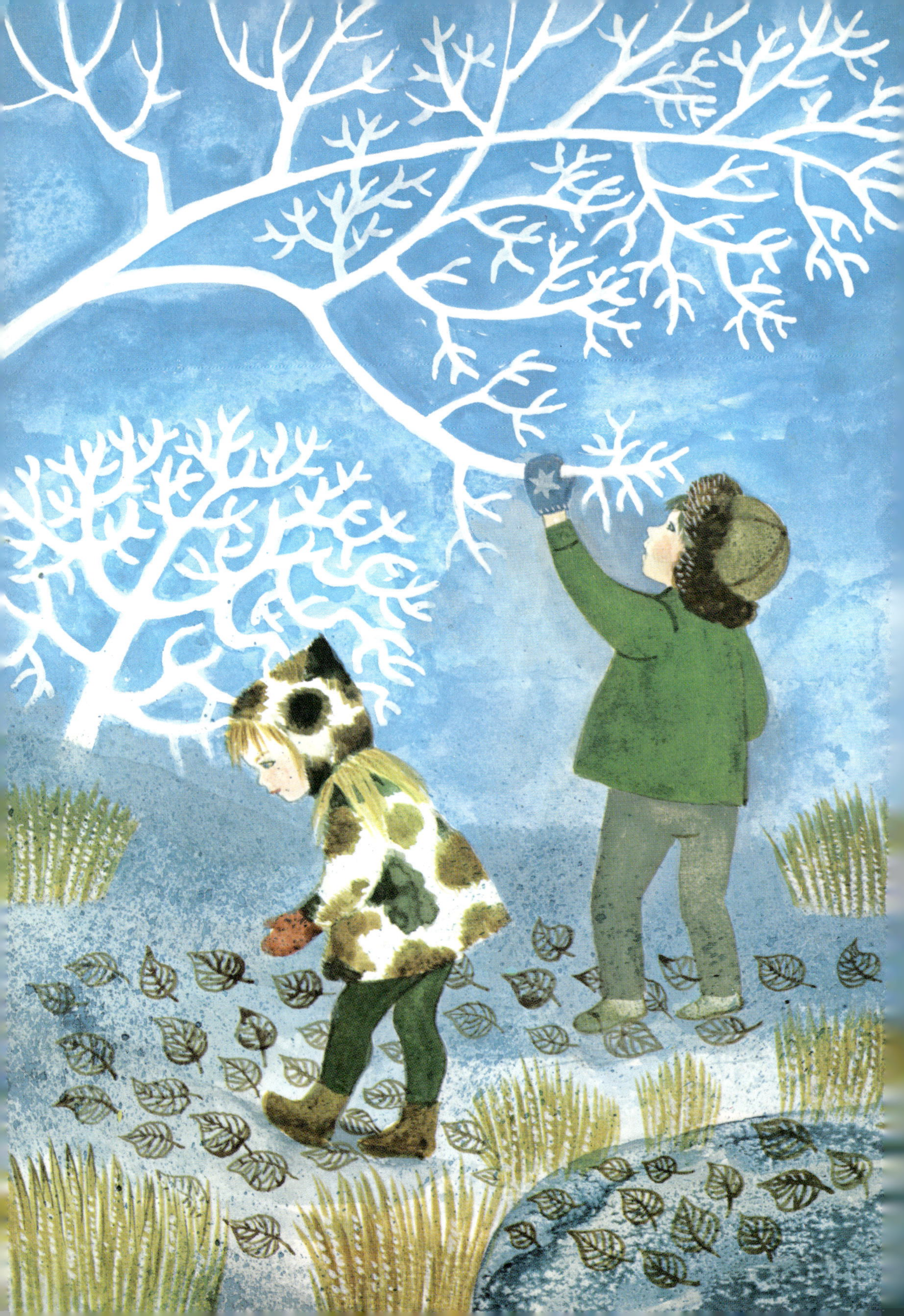

Eines Morgens sind alle Bäume in Rauhreif gehüllt. Jeder einzelne kleine Grashalm auf dem Boden ist weiß. Es glitzert wie lauter Diamanten. Und die Erde ist hart und glatt vor Frost.
   Der Winter ist da.

Moni und Matthias im Winter

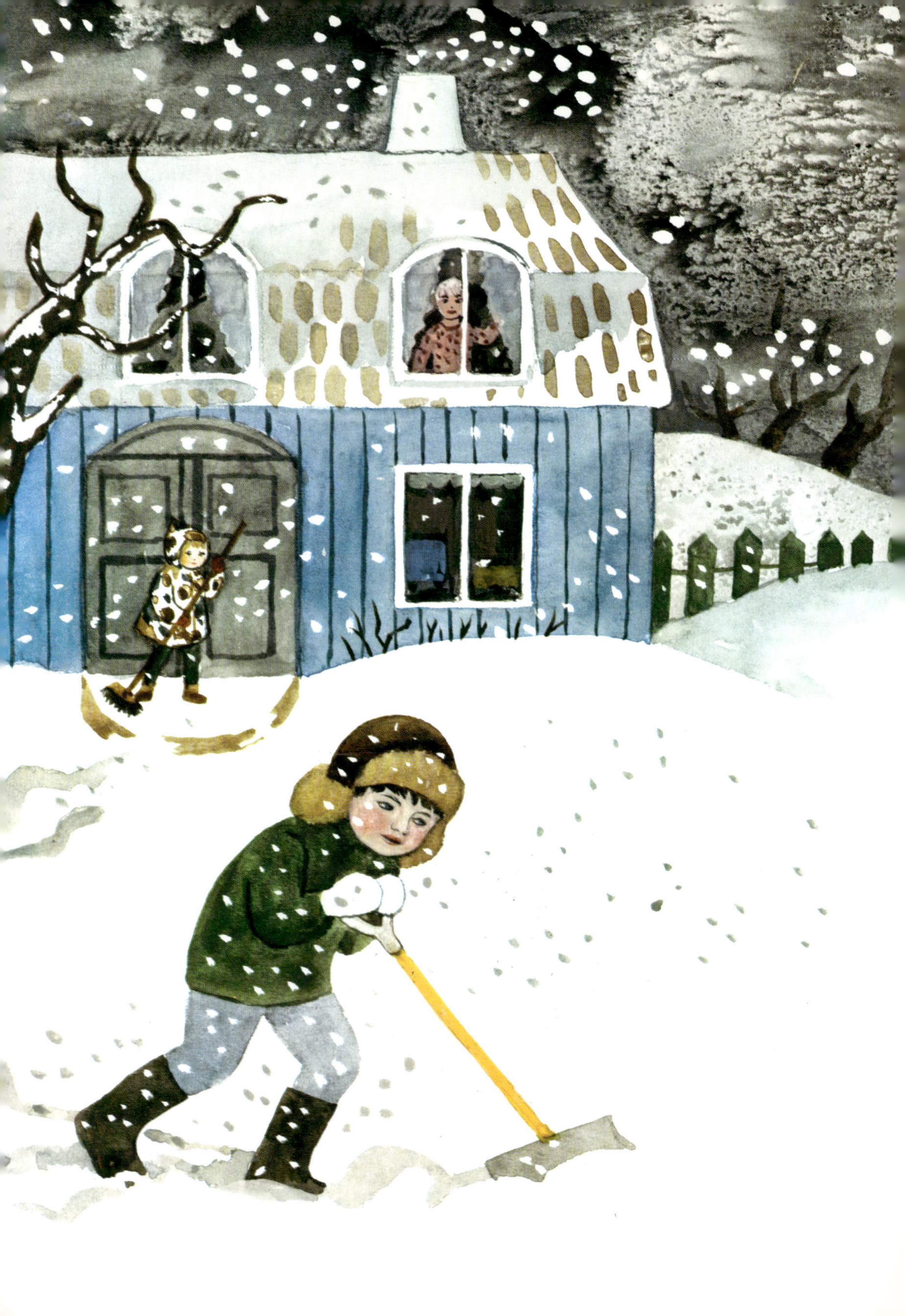

Es schneit und schneit und schneit. Große, weiße Schneeflocken überziehen alles wie mit einer Decke. Bald ist der Garten, in dem Metas Haus liegt, ganz zugeschneit.

Matthias schaufelt den Weg zum Gartentor frei, und Moni fegt den Schnee von der Treppe. Das müssen sie mehrmals täglich tun.

In der Dämmerung, wenn sie alle drei vor dem Feuer im Kamin sitzen, brät Matthias Äpfel, und Meta erzählt Märchen, die sie gehört hat, als sie selbst klein war.

Sie erzählt von Rotkäppchen und dem Wolf,

von Hänsel und Gretel und der
Hexe im Pfefferkuchenhäuschen,

von Aschenputtel,

von Schneewittchen
und den sieben Zwergen,

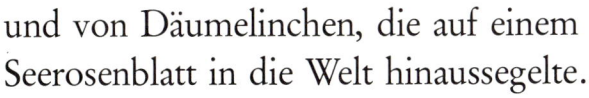

und von Däumelinchen, die auf einem
Seerosenblatt in die Welt hinaussegelte.

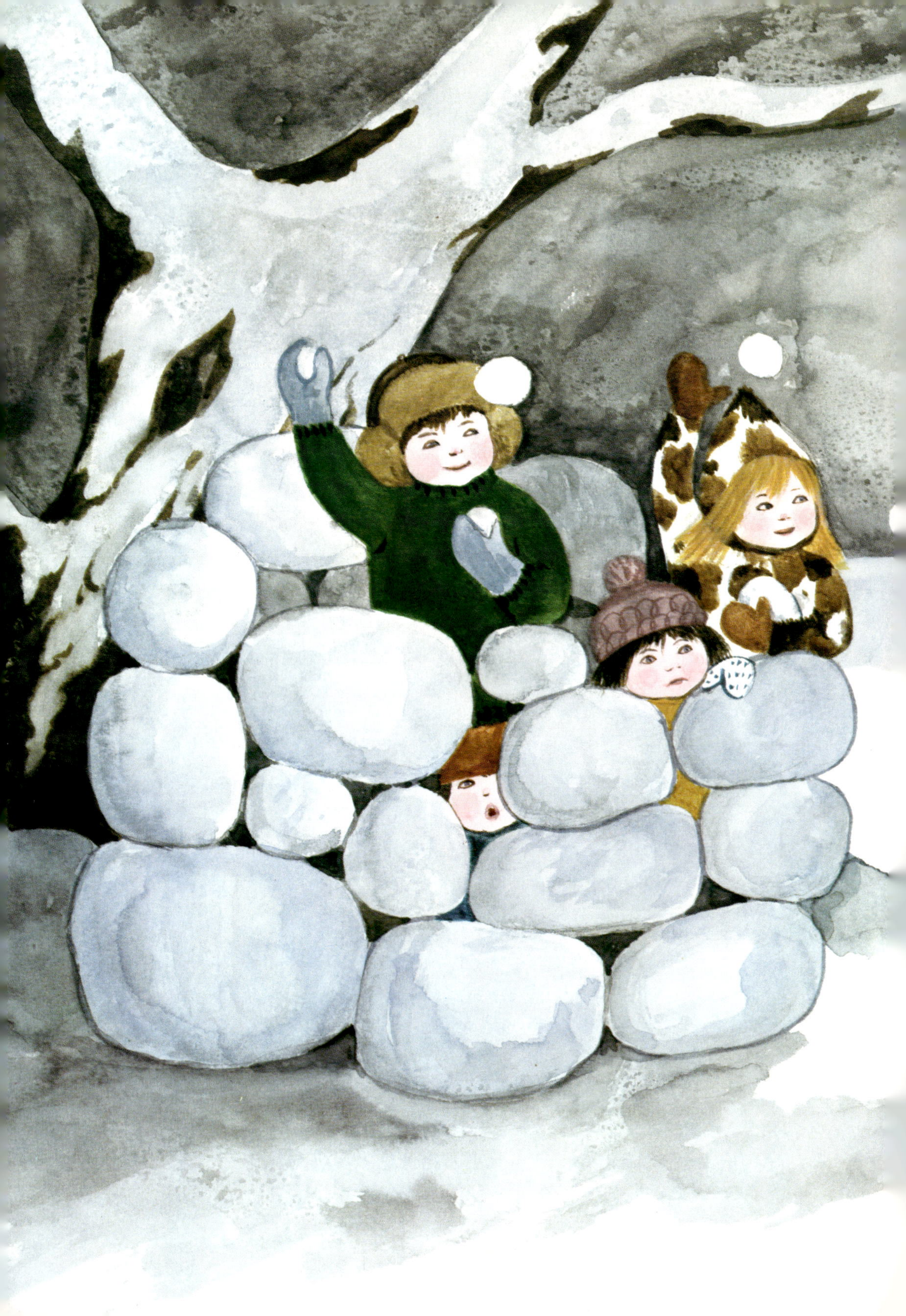

Eines Tages zeigt das Thermometer ein paar Grad Wärme, und der Schnee läßt sich gut formen. Moni und Matthias und die anderen Kinder bauen eine Schneeburg und bewerfen sich mit Schneebällen, daß es nur so um die Ohren pfeift.

„Keine Eisbälle!" ruft Meta. „Das ist gefährlich!"

Weiche, leichte Schneebälle müssen es sein.

Dieses Jahr hat Moni am ersten Adventssonntag Geburtstag. Deshalb darf sie auch die erste Kerze anzünden.

Vier weiße Kerzen stehen auf dem Adventskranz, und bis Weihnachten sind es noch drei Sonntage. An jedem Sonntag zündet man eine weitere Kerze an. Nächstes Mal darf Matthias die Kerzen anzünden.

Meta hat die Hyazinthengläser aus dem Keller heraufgeholt. Die Zwiebeln haben schon kleine Blumenknospen bekommen. Sie sind so empfindlich, daß sie anfangs ein Hütchen aus Papier tragen müssen. An Weihnachten werden sie blühen und duften. Draußen schneit es, und jede Schneeflocke sieht aus wie ein kleiner Stern. An den Fensterscheiben wachsen funkelnde Eisblumen.

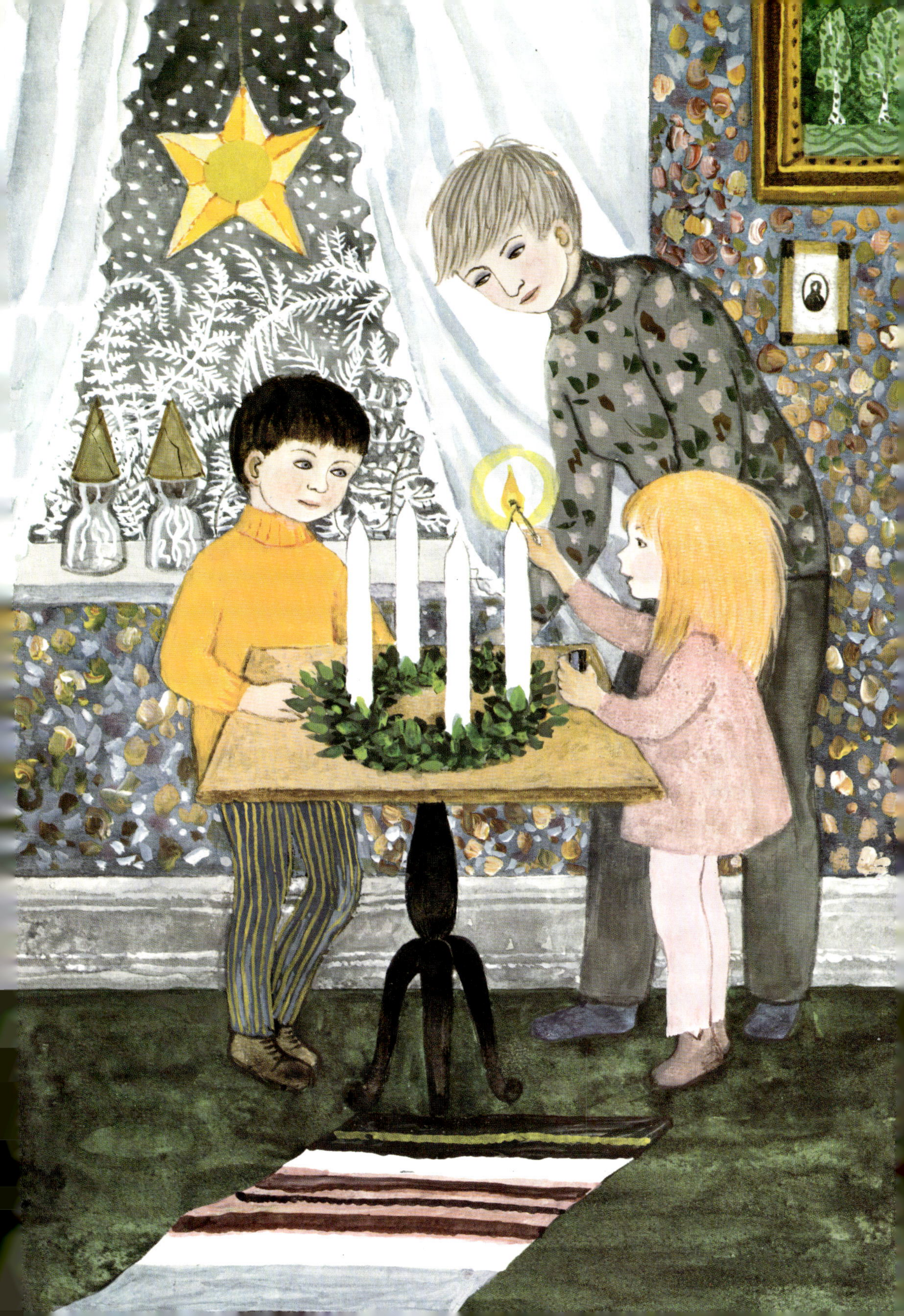

Elster

Krähe

Wenn der Erdboden mit Schnee bedeckt ist, haben die Vögel es schwer bei der Futtersuche. Deshalb sorgen Moni und Matthias dafür, daß immer Futter auf dem Vogeltisch liegt.

Sumpfmeise

Kleiber

Dompfaff

Blaumeise

Kohlmeise

Spatz

Amsel

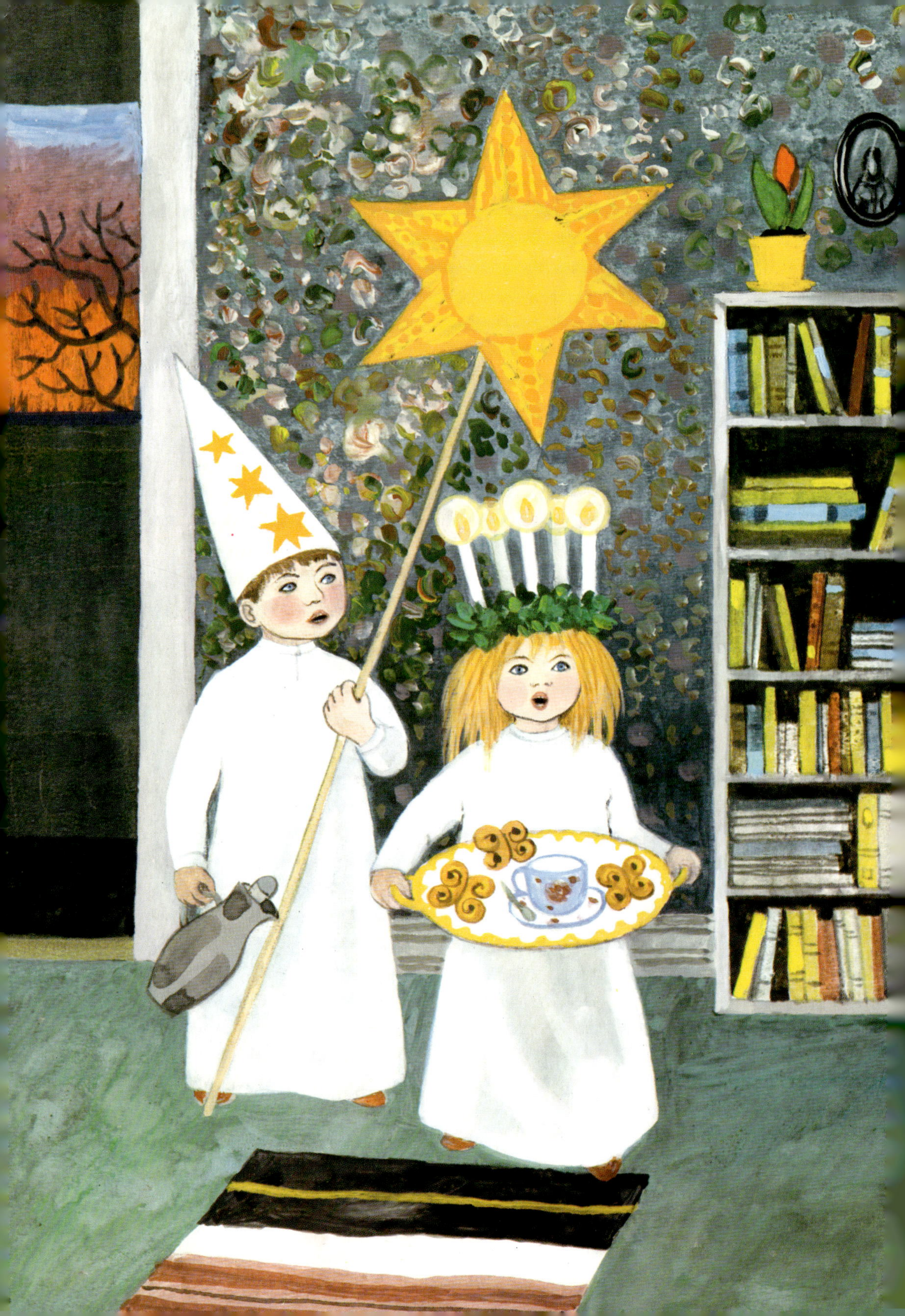

Heute ist Lucia-Tag, der 13. Dezember.

Moni und Matthias sind früh auf den Beinen. Sie wollen Meta mit Kaffee und Safranschnecken wecken.

Sie singen das Lucia-Lied:
>„Es tritt zu uns herein
>Sankta Lucia,
>erhellt das Haus mit ihrem Schein,
>Sankta Lucia.
>Steht auf deiner Schwelle hier,
>bringt viel Licht und Freude dir,
>Sa-a-ankta Lu-ucia,
>Sankta Luci-ia."

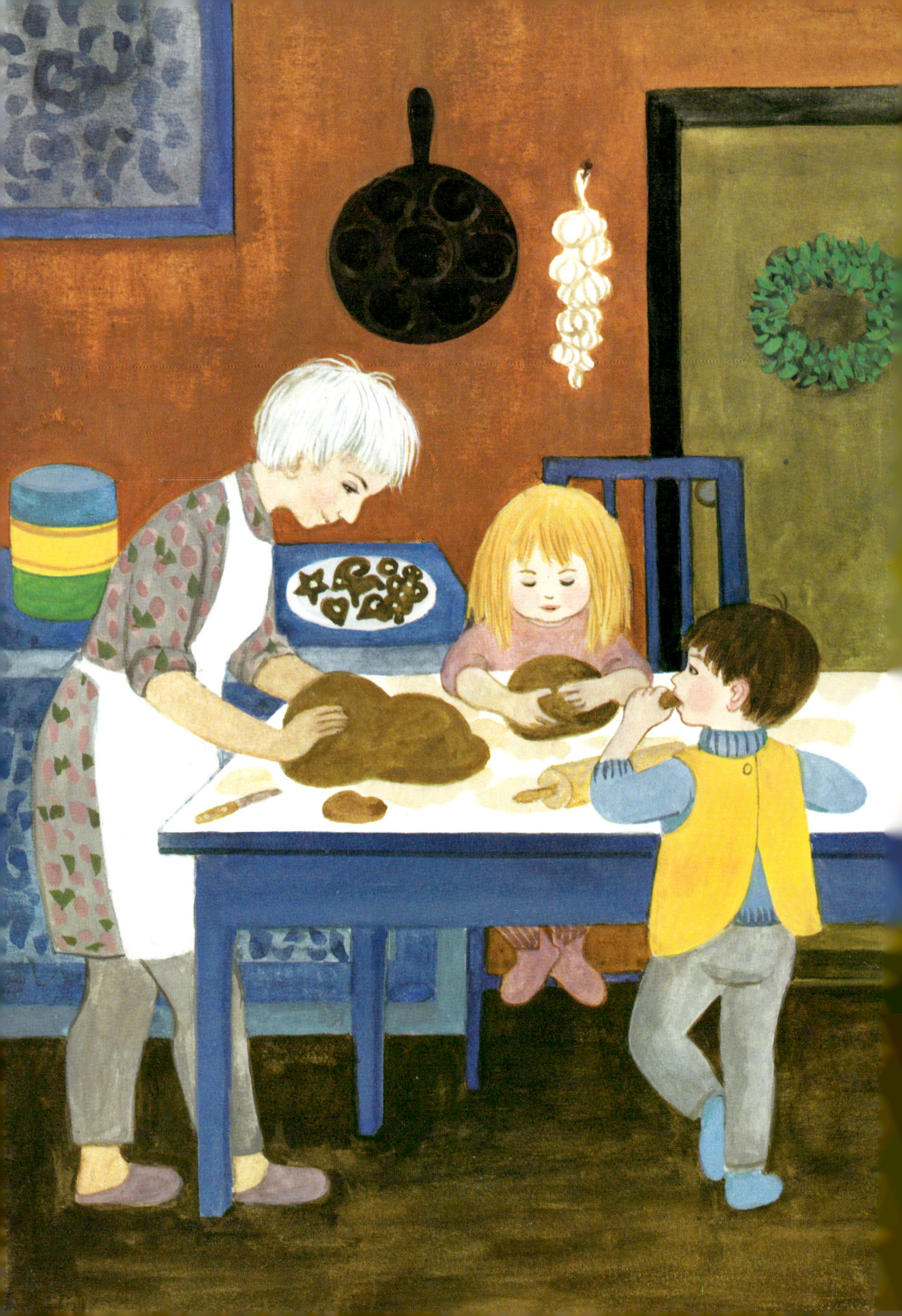

„Du ißt ja den ganzen Teig auf, Matthias!" sagt Moni entrüstet.

„Hier sind doch noch so viele Teigklumpen", beruhigt sie Matthias. „Die brauchen wir gar nicht alle."

Sie kneten den Teig und rollen ihn aus und stechen lustige Männlein und Weiblein und Böcke und alles mögliche aus. Dann kommen Zuckerglasur und Rosinen darauf, versteht sich.

Im ganzen Haus duftet es nach frisch gebackenen Pfefferkuchen.

In den Tagen vor Weihnachten gibt es schrecklich viel zu tun.

Moni und Matthias basteln ihre Weihnachtsgeschenke selbst. Meta darf nicht sehen, was sie machen.

„Du kannst nicht herein!" rufen sie aufgeregt, sobald sie in die Nähe kommt.

Auch Meta ist mit Geheimnissen beschäftigt. Alles ist so spannend, daß man Bauchweh davon bekommt!

An einem Abend dürfen Moni und Matthias besonders lange aufbleiben. Sie sitzen mit Meta am Küchentisch.

Meta hat Stoffreste und Seidenpapier und Garn und Perlen ausgebreitet. Daraus machen sie eine Menge Sachen, die man an den Weihnachtsbaum hängen kann.

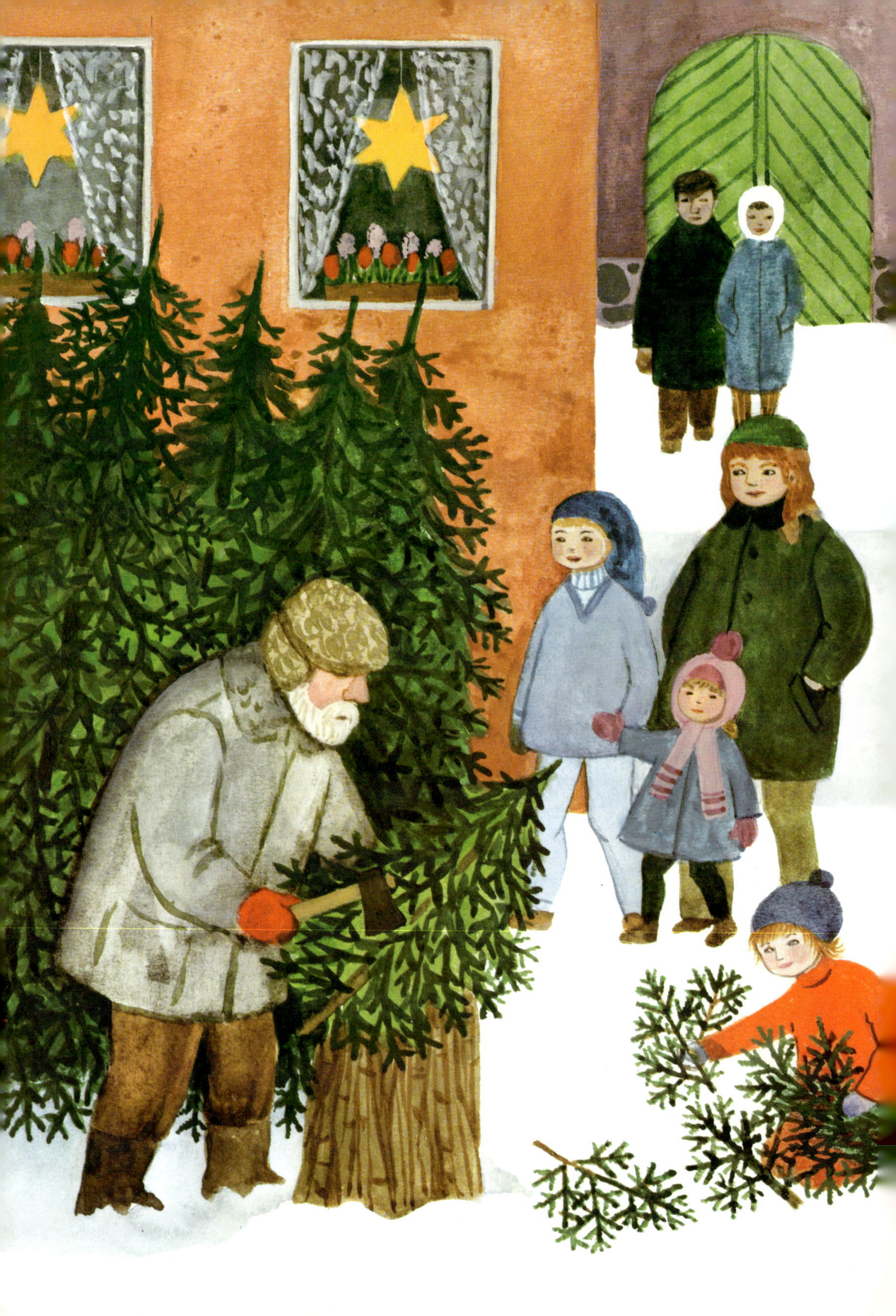

Zwei Tage vor Weihnachten gehen Moni, Matthias und Meta in die Stadt, um einen Weihnachtsbaum zu kaufen.

Herr Johansson hat wunderschöne Tannen, die er in seinem eigenen Wald gefällt hat.

Sie finden einen hübschen, dichten Baum. Aber seine Nadeln stechen ganz tüchtig, als sie ihn nach Hause tragen.

An Weihnachten wollen die Menschen zusammen sein, sich gegenseitig etwas schenken, zusammen essen und feiern.

„Aber viele Leute fühlen sich an Weihnachten einsamer als sonst", sagt Meta.

„Onkel Karl von nebenan ist allein", überlegt Matthias.

„Und Tante Sara im letzten Haus", erinnert sich Moni. „Und Stepanows, die im Frühjahr hergezogen sind und noch nicht wissen, wie man bei uns Weihnachten feiert."

„Wir fragen alle, ob sie am Heiligen Abend zu uns kommen wollen", sagt Meta. „Dann haben wir viele Gäste!"

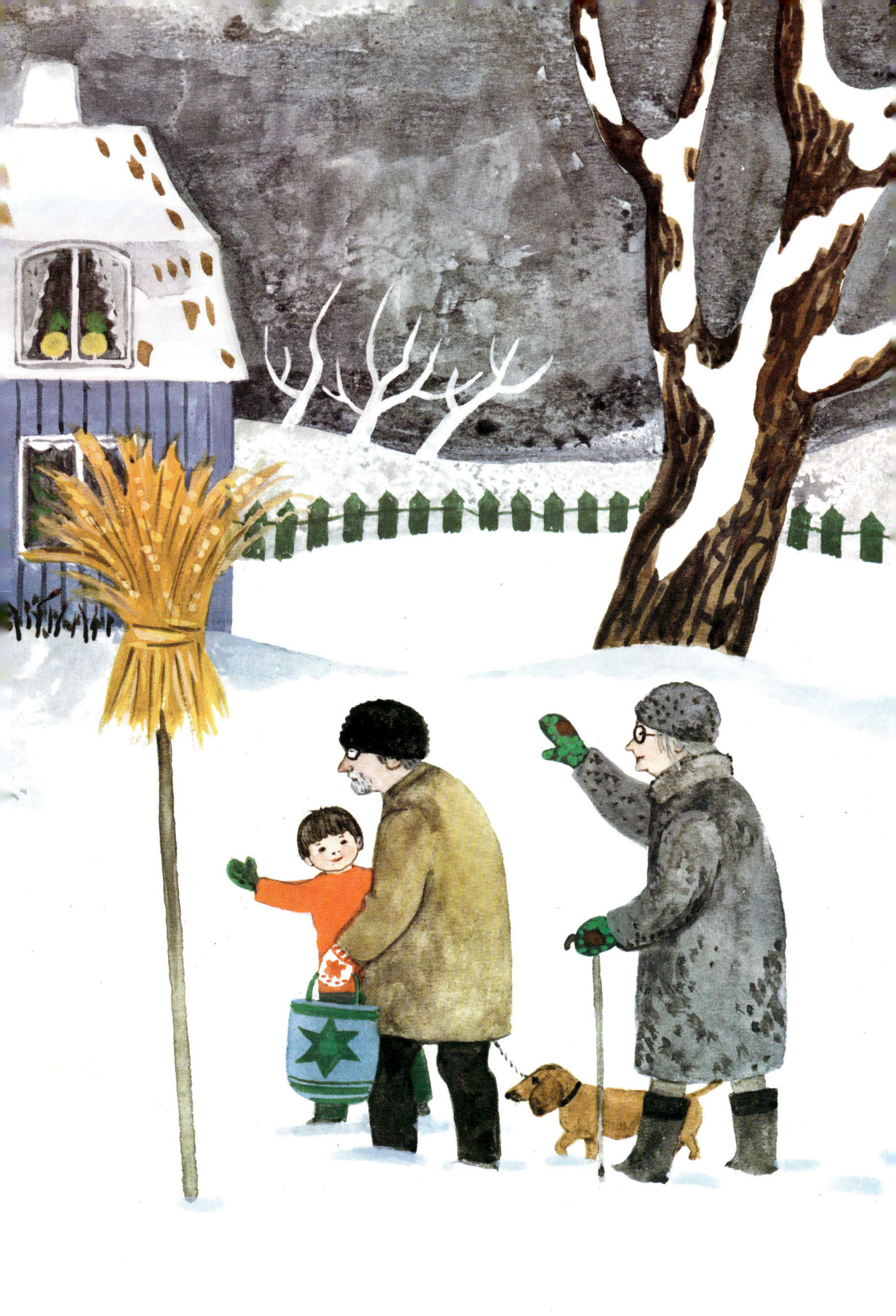

Auf einem kleinen Tisch neben dem Weihnachtsbaum steht die Krippe.

Josef und Maria, der Ochs und der Esel sind um das neugeborene, auf Stroh gebettete Christkind versammelt.

Die Engel singen von der großen Freude, und die Hirten kommen mit ihren Lämmern, um das Kind anzuschauen.

Und die Heiligen Drei Könige bringen ihre Gaben von weit her.

„Draußen im Garten ist jemand!" ruft Matthias, und alle stürzen ans Fenster, um nachzusehen, wer das sein kann. Da kommt der Weihnachtsmann mit einem großen Sack voller Weihnachtsgeschenke auf dem Rücken!

Wie schade, daß Onkel Karl ausgerechnet vorhin, kurz bevor der Weihnachtsmann kam, gehen mußte!

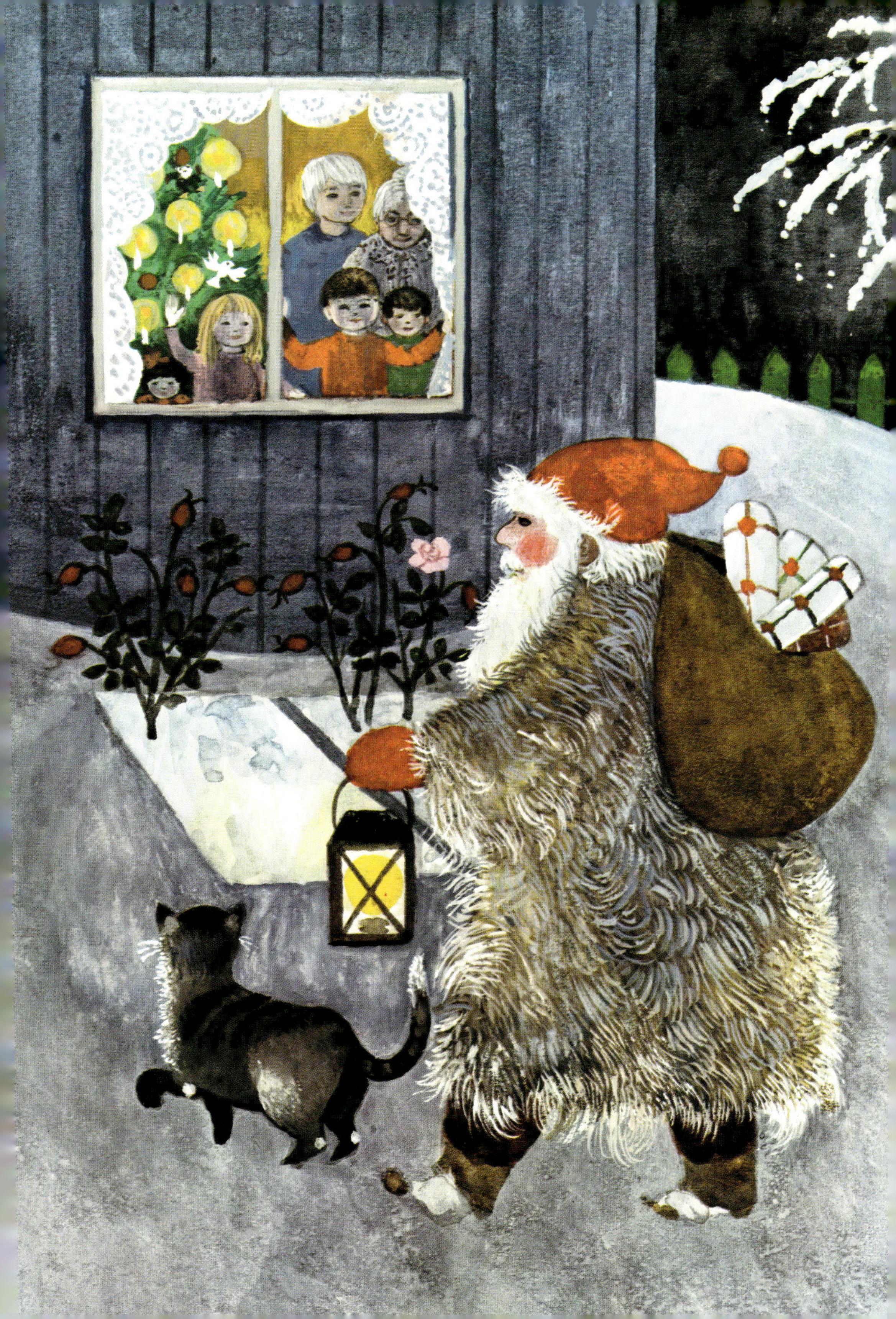

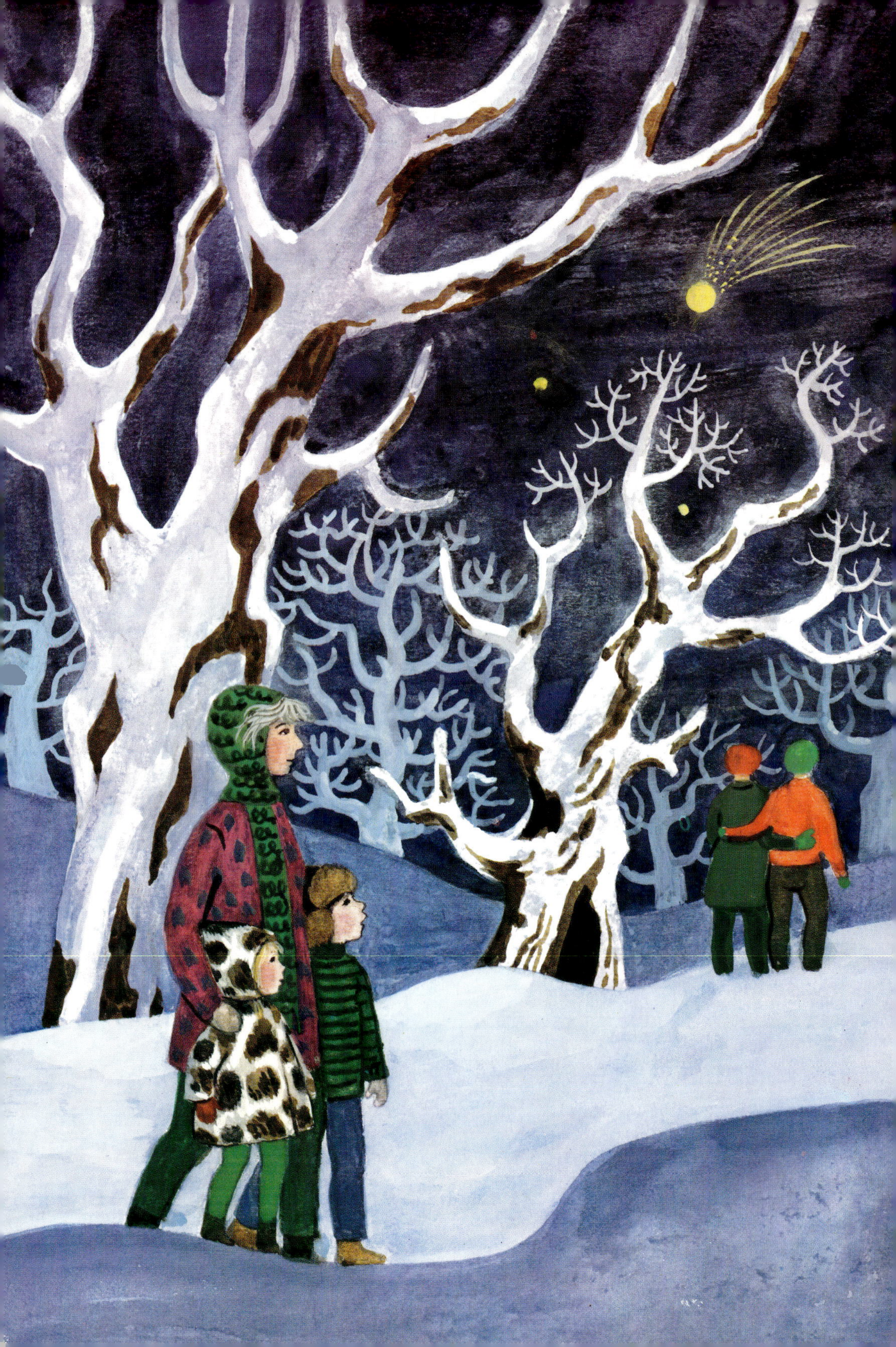

Spät am Silvesterabend gehen Meta, Moni und Matthias in die Stadt hinein. Als die Glocken zwölf schlagen, sagt Meta: „Ich wünsche mir, daß dieses Jahr überall auf der Welt Friede wird."

„Ich wünsche mir, daß alle auf der ganzen Welt sich das ganze Jahr über jeden Tag satt essen dürfen", sagt Matthias. „Und daß ich ein Fahrrad bekomme!"

„Und ich wünsche mir, daß alle Kinder, die in diesem Jahr auf die Welt kommen, immerzu froh sein dürfen!" sagt Moni.

Und dann umarmen sie sich alle drei und rufen laut: „EIN GUTES NEUES JAHR!"

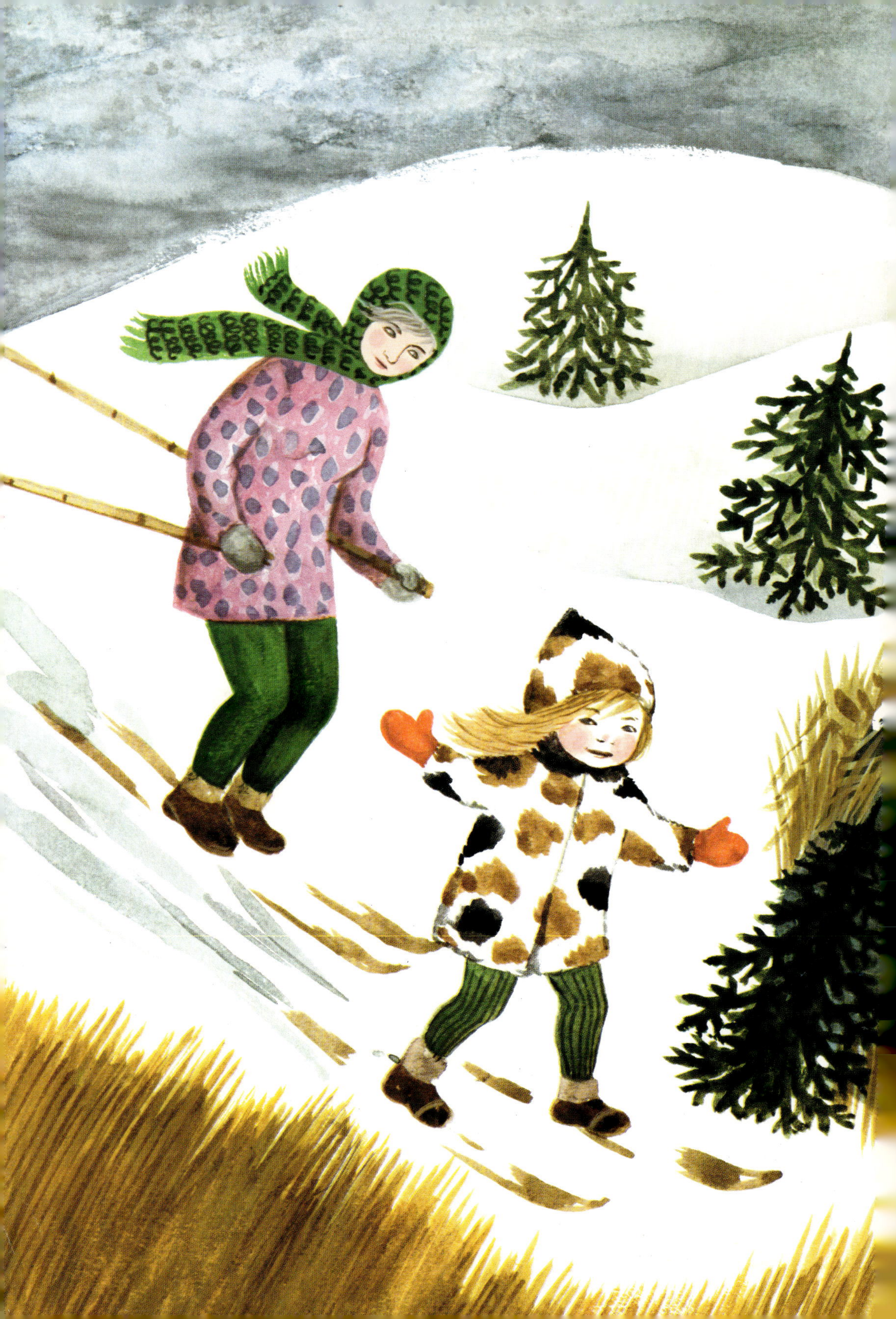

Der Schnee funkelt in der Sonne, und der Teich ist fest zugefroren. Das Eis ist so glatt, daß Matthias gleich ausrutscht und hinplumpst.

„Guck mal, Meta, – ich fall' überhaupt nicht!" ruft Moni. Es ist das erste Mal, daß sie den ganzen Hang hinunterkommt, ohne daß sie das Gleichgewicht verliert.

Moni und Matthias haben zwei Schneelaternen gebastelt und Kerzen hineingestellt. Das Licht flackert durch die blaue Winterdämmerung.

Das Feuer prasselt, als Matthias den alten, dürren Weihnachtsbaum Zweig um Zweig verbrennt.

Meta spielt eine fröhliche kleine Melodie auf ihrer Mundharmonika. Jetzt dauert der Winter nicht mehr lange.

Bald kommt der Frühling mit Sonne, Blumen und grünen Blättern wieder.